BIBLIOTHÈQUE
DES MERVEILLES

PUBLIÉE SOUS LA DIRECTION

DE M. ÉDOUARD CHARTON

—

L'IMAGINATION

OUVRAGES DU MÊME AUTEUR

Nouveau cours de Philosophie. 1 vol. in-12, 3ᵉ édition.

Études sur les ouvrages philosophiques de l'enseignement classique. 1 vol. in-12, 2ᵉ édition.

L'Instinct, ses rapports avec la vie et avec l'intelligence. 1 vol. n-8°, 2ᵉ édition. (Ouvrage couronné par l'Académie française.)

L'Homme et l'Animal. 1 vol. in-8°. (Ouvrage couronné par l'Académie des sciences morales et politiques.)

Typographie Lahure, rue de Fleurus, 9, à Paris

LE SOMNAMBULISME
(Macbeth)

BIBLIOTHÈQUE DES MERVEILLES

L'IMAGINATION

ÉTUDE PSYCHOLOGIQUE

PAR

HENRI JOLY

Professeur à la Faculté des lettres de Dijon

Ouvrage

ILLUSTRÉ DE QUATRE EAUX-FORTES

PAR A. DELAUNAY ET L. MASSARD

PARIS

LIBRAIRIE HACHETTE ET Cie

79, BOULEVARD SAINT-GERMAIN, 79

1877

Droits de propriété et de traduction réservés

PRÉFACE

Cet ouvrage est le résumé, souvent revu et retouché, d'un cours fait à la Faculté des lettres de Dijon en 1871-1872.

Il traite d'un sujet fort complexe, dont les différentes parties ont donné lieu, chacune de leur côté, à de nombreuses et intéressantes publications. Nous avons dû nous servir de ces travaux, surtout quand ils faisaient connaître des faits et relataient des observations qu'il n'est point aisé de recommencer. Ce à quoi nous avons surtout appliqué nos efforts personnels, c'est à trouver un lien entre les états très-divers dont traitaient ces études disséminées. Puissions-nous avoir le droit de penser, dans une certaine mesure, ce que Pascal écrivait de lui-même : « Qu'on ne dise pas que je n'ai rien dit de nouveau, la disposition des matières est nouvelle. »

L'IMAGINATION

I

Introduction. — Qu'est-ce que l'imagination ? — Qu'est-ce que connaître ? Se souvenir ? — Imaginer ?

Que d'effets, non-seulement divers, mais, en apparence au moins, opposés et contradictoires, n'attribue-t-on pas à ce qu'on nomme l'Imagination ! Comment concilier les unes avec les autres toutes les propriétés ou vertus qu'on lui reconnaît ? Peu de personnes hésitent à dire que l'Imagination est la cause principale de nos erreurs, que c'est elle qui nous berce d'illusions et nous égare à la suite de ses chimères. Qui cependant ne proclame la part considérable qu'elle a eue dans la conception de ces grandes théories sur le système du monde et sur les lois des mouvements célestes, en général dans l'invention des plus belles et des plus fécondes vérités dont s'honore la science ? Tout le monde s'accorde à dire que les pires maux dont souffre l'homme sont ceux dont il réussit à s'affliger lui-même par les fausses imaginations qu'il se fait sur la vie, sur la destinée, sur les sentiments des autres hommes. Et tout le monde avouera aussi que les instants les plus doux de la vie sont ceux où l'âme se laisse aller à l'espérance, développant et prolongeant dans un avenir dont elle se croit maîtresse le peu de bonheur dont le présent lui semble enfermer les germes. Mais entre espérer et imaginer, la différence n'est-elle pas bien légère? Par l'imagination, tel homme en arrivera à éprouver presque tous les symptômes d'une maladie qu'il n'a pas. Par l'imagination, tel autre, ravi déjà dans la contemplation et dans la jouissance anticipée du bonheur céleste, sera insensible aux tortures qui déchireront ses membres. Demandez sur quoi se guide l'esprit de ce pauvre fou qui, attaché dans son cabanon, croit posséder des trésors incalculables, ou qui, léchant un mur rude et malpropre, s'écrie qu'il y savoure des fruits délicieux; on vous répondra : sur son imagination, exaltée sans doute, mais enfin sur son imagination. Et cet homme de génie qui d'un bloc de marbre a fait jaillir les puissantes figures du tombeau des Médicis, qu'est-ce donc qui a conduit sa main ? Chacun vous répondra de même : son imagination. Feuilletez les pages charmantes de Toppfer ou celles de G. Sand sur les visions de la nuit dans la campagne. Sur les pas du paysan poltron, les buissons se transforment en ennemis armés et menaçants, les cris des oiseaux annoncent des événements lugubres, les morts sortent du cimetière. « Le braconnier qui, depuis quarante ans, chasse au collet

LES VISIONS DE NUIT DANS LA CAMPAGNE

ou à l'affût, à la nuit tombante, voit les animaux mêmes dont il est le fléau prendre, dans le crépuscule, des formes effrayantes pour le menacer. Le pêcheur de nuit, le meunier qui vit sur la rivière même, peuplent de fantômes les brouillards argentés par la lune; l'éleveur de bestiaux qui s'en va lier les bœufs ou conduire les chevaux au pâturage, après la chute du jour ou avant son lever, rencontre dans sa haie, dans son pré, sur ses bêtes mêmes, des êtres inconnus, qui s'évanouissent à son approche, mais qui le menacent en fuyant. » Que produisent dans l'être du pauvre homme ces imaginations si vives, tant que le retour aux occupations positives n'a pas calmé son cerveau ? Rien absolument que l'énervement du corps, l'aberration des sens et l'hébétement de l'esprit. Mais voici un artiste, qui, volontairement, se crée à lui-même des visions dont il veut que ses sens soient assez remplis et charmés pour devenir indifférents et pour ainsi dire insensibles aux impressions ordinaires! N'êtes-vous pas obligés de saluer un génie naissant dans ces lignes d'un jeune peintre, mort depuis en soldat, et qui, des rives de l'Afrique, écrivait : « Je crois, Dieu me pardonne, que le soleil qui nous éclaire n'est pas le même que le nôtre; et je vois de loin avec terreur le moment où il faudra recontempler en Europe l'aspect lugubre des maisons et des foules.... Mais, avant d'y rentrer, je veux faire revivre les vrais Maures, riches et grands, terribles et voluptueux à la fois, ceux qu'on ne voit plus que dans le passé... Puis Tunis, puis l'Égypte, puis l'Inde!... Je monterai d'enthousiasme en enthousiasme : je m'enivrerai de merveilles, jusqu'à ce que,

complétement halluciné, je puisse retomber dans notre monde morne et banal, sans craindre que mes yeux perdent la lumière qu'ils auront bue pendant deux ou trois ans. Quand, de retour à Paris, je voudrai voir clair, je n'aurai qu'à fermer les yeux ; et alors Mauresques, Fellahs, Hindous, colosses de granit, éléphants de marbre blanc, palais enchantés, plaines d'or, lacs de lapis, villes de diamant, tout l'Orient m'apparaîtra de nouveau. Oh ! quelle ivresse ! la lumière !..[1] »
Ce qu'un homme ainsi inspiré peut faire de ces enivrantes apparitions, on le devine, on le sait. Il en fait des œuvres, sinon parfaites, au moins pleines de force, d'éclat, d'harmonie, pour tout dire d'un seul mot, vivantes.

Devons-nous maintenant nous demander si l'imagination que le sens commun, la langue et la science même nous présentent avec des attributs si divers, est dans l'homme [2] une puissance particulière et distincte ? On dit bien souvent, il est vrai, que l'imagination est l'ennemie de la raison : souvent aussi on l'oppose à la sensation elle-même, alléguant les cas dans lesquels elle pervertit l'action des sens et ceux dans lesquels elle les suspend. « Cette superbe puissance, ennemie de la raison, dit Pascal, qui se plaît à la contrôler et à la dominer, pour montrer combien elle peut en toutes choses, a établi dans l'homme une seconde nature. Elle a ses heureux, ses malheureux,

---

1. Correspondance de M. Henri Regnault, p. P. Clairin, p. 341.
2. Nous avons étudié ailleurs l'imagination dans l'animal. Voyez notre livre l'*Instinct, ses rapports avec la vie et avec l'intelligence*, 1re partie, chap. XIII.

ses sains, ses malades, ses riches, ses pauvres ; elle fait croire, douter, nier la raison ; elle suspend les sens, elle les fait sentir, elle a ses fous et ses sages : et rien ne nous dépite davantage que de voir qu'elle remplit ses hôtes d'une satisfaction bien autrement pleine et entière que la raison.[1] »

N'avons-nous là que des métaphores et des formes de langage expressives ? Ces distinctions verbales répondent-elles ou non à des distinctions réelles ? Nous ne voulons point aborder ici cette question. Nous ne pourrions d'ailleurs la résoudre sans nous demander, au préalable, s'il y a effectivement dans l'esprit humain des forces ou facultés distinctes ou si la vie de l'intelligence se compose uniquement de phénomènes qui se succèdent les uns aux autres, correspondant exactement aux phénomènes qui se passent dans les corps étrangers et dans le nôtre. Peut-être la suite de cette étude donnera-t-elle une réponse à ces questions. Pour le moment, nous nous bornerons à quelques définitions faciles à comprendre et qui ne soulèveront aucun problème périlleux.

Tout le monde sait que sentir, c'est être affecté plus ou moins vivement par des impressions que les phénomènes extérieurs produisent sur l'un ou l'autre de nos organes. C'est, par exemple, quand nos centres nerveux sont intacts et que les impressions reçues par les organes périphériques arrivent jusqu'à eux, c'est avoir l'œil mis en contact avec la lumière, l'oreille ébranlée par un son, la membrane olfactive flattée ou irritée

---

1. Pascal, *Pensées* (édition Havet), art. 3, § 3.

par des particules odorantes émanées de corps étrangers, la langue excitée agréablement ou désagréablement par un mets, par une boisson ; c'est enfin éprouver plus ou moins de gêne ou de liberté dans le jeu des fonctions de la vie, suivant l'état où se trouvent tels ou tels de nos organes, suivant que les vaisseaux sanguins se resserrent ou se dilatent, que le cours du sang se ralentit ou s'accélère, que les os restent ou non dans leur place normale, que les liquides nécessaires à l'économie sont sécrétés en quantité suffisante et sans excès, etc.

Connaître, ce n'est pas seulement être affecté par les objets extérieurs : c'est surtout porter son attention sur les objets eux-mêmes pour distinguer les rapports de ces objets avec les autres objets et avec nous ; ce n'est pas seulement sentir sa propre activité limitée par tel ou tel phénomène : c'est discerner plus ou moins bien d'où vient ce phénomène, à quoi il tient, à quoi il tend ; c'est, au milieu des sensations variables et fugitives qu'un objet ou un phénomène nous cause actuellement ou nous rappelle, distinguer en lui des caractères qui doivent nécessairement se retrouver, non pas dans un grand nombre, mais proprement dans une infinité d'autres semblables à lui.

Se souvenir, c'est encore connaître, assurément ; mais plus particulièrement, c'est porter son attention sur des faits qui ont jadis affecté nos sens, mais qui ne les affectent plus ; c'est reconnaître par la pensée le rapport qui a existé entre tel fait et nous-mêmes, qui en avons été affectés d'une manière ou d'une autre ; c'est aussi, c'est surtout replacer ce fait au milieu des circonstances qui l'ont précédé, accompagné, suivi, à une distance déterminée du moment actuel.

Mais pouvons-nous connaître et nous souvenir sans nous représenter les choses auxquelles nous pensons? Pouvons-nous, par exemple, nous souvenir d'un air de musique sans qu'une espèce d'ondulation affaiblie semble encore, comme un lointain écho, faire vibrer doucement notre oreille, au point que d'imperceptibles mouvements de la tête et du corps marquent la mesure ? Pouvons-nous nous souvenir d'un spectacle sans que nos yeux le cherchent encore, sans que nous en suivions les formes et les contours, sans que nous en contemplions les couleurs, et ainsi de suite..? Évidemment non. Or, se représenter ainsi les sensations disparues, c'est retrouver dans son esprit une image d'un objet absent, c'est imaginer. L'imagination[1] est donc comme un reste affaibli de la sensation primitive ; c'est la sensation primitive qui paraît tendre à se raviver ou à se reproduire. Ainsi, disait Henri Regnault, je n'aurai qu'à fermer les yeux : l'Orient m'apparaîtra de nouveau.

L'imagination ou la formation des images est tellement mêlée à nos connaissances et à nos souvenirs, que des philosophes célèbres ont voulu réduire toute l'intelligence à la sensation, c'est-à-dire à la sensation actuelle et présente et à la sensation renouvelée ou image. A notre avis, c'est un tort. Il est bien vrai que

---

1. Provisoirement au moins, nous employons indistinctement les mots *image* et *imagination* comme synonymes et comme ne désignant qu'un pur phénomène.

nous ne pouvons penser à une chose sans nous la représenter, sans l'imaginer. Il est certain que nous ne pouvons nous empêcher de revêtir d'une forme corporelle les idées les plus spirituelles, et que les idées les plus générales se fixent dans notre esprit sous la forme d'un être ou d'un objet particulier qui sert, pour ainsi dire, de représentant au genre ou à l'espèce tout entière. Mais l'acte par lequel l'esprit groupe les images et, après un choix réfléchi, fait de telle ou telle réunion d'images un ensemble en quelque sorte compacte et indivisible, l'inévitable mouvement par lequel il va de celle-ci à celle-là, non à une autre, l'effort par lequel il vérifie et cherche à perfectionner le bon arrangement de ces systèmes d'images, tout cela est quelque chose de réel : tout cela est aussi distinct des sensations actuelles ou renouvelées, matière de la connaissance, que l'art des proportions, des reliefs et du contour, est distinct du bronze ou du marbre ou de toute matière enfin à laquelle il a donné la forme d'une statue. Pas plus que le bronze ou le marbre ne s'arrangent d'eux seuls, les sensations et les images ne forment des ensembles liés sans y être amenées par l'effort suivi d'un principe dont sans doute nous ne pouvons pas connaître exactement la nature intime, mais dont nous pouvons dire qu'il est essentiellement ami de l'ordre, de l'harmonie, de l'unité, et que par conséquent il est un lui-même.

Ainsi distinguée des phénomènes de la sensation et de l'intelligence proprement dites et du souvenir, auxquels elle est constamment mêlée, l'imagination peut nous apparaître comme jouant dans la vie de l'esprit un rôle très-inégal, très-divers, très-changeant, et d'une importance indiscutable.

Mais si l'esprit ne peut penser sans le concours des images qu'il réunit et qu'il élabore, si par conséquent les images se retrouvent dans toutes les opérations de l'intelligence, où s'arrêtera notre étude? N'est-ce pas l'entendement tout entier que nous sommes obligés d'explorer? Non : car la langue a réservé plus spécialement le nom d'imagination pour désigner ces phénomènes où l'image, jouant son rôle à elle, développe et fait sentir, par un certain nombre d'effets particuliers, l'action qui lui est propre. Dans les actes de la pensée proprement dite, les images n'ont qu'une importance toute secondaire : elles tendent sans cesse à s'affaiblir, leurs traits les plus saillants s'effacent aussitôt, leurs caractères les plus vivants s'ignorent ou s'oublient promptement. Non-seulement l'esprit ne s'arrête sur aucune d'elles avec complaisance, mais il les évoque en un tel nombre et avec une telle rapidité, que son indifférence à l'égard de leurs origines sensibles et de leurs éléments figuratifs est évidente. Ce qu'il veut, c'est s'assurer des caractères les plus généraux des objets auxquels il pense et des rapports qui, unissant un nombre considérable de ces objets, lui permettent de les saisir dans un acte unique. Là donc, l'image n'est que la matière indispensable, mais la matière en quelque sorte vile et dédaignée, de nos connaissances. En revanche, il est dans notre vie intellectuelle des circonstances où nous nous plaisons à retenir, pendant un temps plus ou moins long, des images, et à les contempler telles que les sensations primitives nous les ont léguées, avec leurs caractères particuliers et individuels. Dès lors, non-seulement les images nous plaisent en tant qu'images, mais elles s'imposent à nous, elles réagissent sur nos sens, elles pèsent sur nos déterminations. L'esprit, même quand il les organise librement, selon ses préférences, ne cherche pas à les atténuer. Loin de là ! Il se flatte d'en aviver les couleurs, d'en varier et d'en prolonger les charmes, d'en goûter tout à son aise et d'en faire admirer les beautés.

L'intelligence pourtant n'est pas toujours maîtresse à ce point des images. Une distinction capitale, bien connue d'ailleurs et pour ainsi dire classique, est tout d'abord à noter. Dans tel cas, les images dominent tellement l'esprit de l'homme qu'il oublie, néglige ou méconnaît toute réalité ; il ne croit pas ses sens mêmes ; il s'abandonne tout entier aux apparences qui viennent l'assaillir ; et ne les contrôlant plus, il les laisse se reproduire en lui comme au hasard, de telle sorte que sa conduite, inspirée par ces apparences confuses et incohérentes, devient aux yeux de tous les autres hommes inexplicable. Voilà l'état du fou, de celui, par exemple, qui, léchant la pierre d'un mur, croit déguster une pêche ou une orange. Dans un autre cas, l'esprit s'empare des images nombreuses, précises et fortement colorées qui l'obsèdent : il fait parmi elles un choix : celles qu'il conserve, il les combine d'après un plan net et arrêté qu'il leur impose ; et l'ensemble, fixé par des moyens matériels (sons, lignes, couleurs), reproduit alors sa pensée personnelle, l'idée qu'il méditait, le sentiment qui l'animait, quand il composait son œuvre. Voilà l'état du jeune peintre dont nous lisions plus haut la lettre éloquente : voilà le signe ou tout au moins la promesse du génie. Maintenant, chacun comprendra qu'entre ces deux états si opposés, celui dans lequel l'esprit est asservi par ses imaginations et celui dans lequel il les domine, il y ait un grand nombre d'états intermédiaires se rapprochant plus ou moins de l'un ou de l'autre de ces extrêmes. Quelques-uns de ces états sont permanents : d'autres sont transitoires. Parmi ces derniers, il en est qui viennent à intervalles irréguliers et n'apparaissent que chez peu d'individus, comme il en est qui se reproduisent à intervalles réguliers chez tous les hommes. On peut dire encore que beaucoup de ces états se manifestent d'eux-mêmes, spontanément, et que quelques-uns sont artificiellement provoqués. Essayer de surprendre et de décrire les péripéties de cette espèce de conflit entre l'esprit et les images, montrer sous quelles conditions ce conflit doit aboutir à l'ordre ou au désordre, à la confusion ou à l'harmonie, c'est une tâche difficile, mais intéressante, et où nous espérons que l'attention bienveillante du lecteur voudra bien nous suivre jusqu'au bout.

II

Les images. — Des différentes formes de l'image.
De la production des images.

Nous voudrions étudier d'abord l'action de l'image sur l'esprit, et l'étudier dans les états où cette action domine ou surpasse celle de l'esprit proprement dit. Mais avant tout, il nous faut savoir bien exactement ce qu'est l'image : revenons sur les explications sommaires que nous avons données tout à l'heure, et essayons de les préciser davantage.

On l'a vu, l'image est un phénomène psychologique qui reproduit, affaiblie, la sensation passée. Il y a huit jours, vous avez visité le Panthéon, vous l'avez regardé, vous l'avez vu de vos propres yeux : aujourd'hui, bien que vous vous en trouviez éloigné, vous le voyez encore en esprit, c'est-à-dire vous l'imaginez.

Mais si l'image est une réviviscence de la sensation, y a-t-il autant de sortes d'images qu'il y a d'espèces de sensations? Les cinq sens extérieurs — la vue, l'ouïe, le toucher, le goût, l'odorat, et le sens interne par lequel nous sentons l'état de nos organes, sont-ils tous également capables d'imaginer ce qu'ils ont une fois senti? Ils le sont tous, mais pas au même degré.

Le mot image que nous employons ici dans un sens général se rapporte plus ordinairement à l'exercice du sens de la vue. Une image, en effet, c'est avant tout une réunion de formes et de contours que l'œil peut suivre en réalité ou mentalement. C'est donc le sens de la vue qui a fourni de quoi désigner l'ensemble de ces phénomènes dont nous commençons l'étude. Et cela n'est pas sans raison. Quand notre pensée se reporte vers un temps qui est écoulé, vers des lieux où nous ne sommes plus, de quoi est-elle immédiatement occupée? De quoi demeure-t-elle plus particulièrement remplie? Des images où elle retrouve les lieux mêmes et leurs espaces visibles avec les choses et les personnes qui s'y trouvaient : si nous nous représentons les conversations et les discours de ces dernières, nous nous figurons encore de préférence et avec un relief plus accusé leurs physionomies, leurs attitudes, les gestes qui accompagnaient leurs paroles. C'est que l'exercice de la vue se mêle à l'exercice de tous les autres sens et qu'il est plus fréquent, ou, pour mieux dire, plus constant que celui de tous les autres. Notre goût ou notre odorat, par exemple, ne sont éveillés qu'à intervalles fixes. Du matin au soir nos yeux sont ouverts. Il est rare que nous ne puissions voir les corps que nous goûtons ou que nous touchons, les personnes que nous entendons. De plus, nous savons des anatomistes que les organes du sens de la vue sont, dans l'homme tout au moins, capables de suifire à un travail si assidu : les nerfs qui les desservent sont nombreux, ils sont disposés avec un ordre remarquable, et la portion de substance cérébrale où aboutissent les impressions qu'ils transmettent est une partie considérable de la masse encéphalique. Aussi, non-seulement avons-nous une grande facilité à voir en imagination des choses que nous avons vues autrefois, mais encore tendons-nous bien souvent à nous représenter sous une forme visible des phénomènes qui primitivement ont affecté en nous d'autres sens que le sens de la vue. La langue en fait foi. Ne parlons-nous pas d'ondulations sonores, de l'échelle des sons, des sons bas ou hauts? Ne suivons-nous pas des yeux, pour ainsi dire, l'action d'une liqueur généreuse qui va remuer et dilater tous nos organes, comme celle d'un poison qu'on nous dit avoir apporté dans un organisme des perturbations violentes?

Les sensations que nous renouvelons ou imaginons le plus aisément après celles de la vue, ce sont celles de l'ouïe. Il est inutile d'insister longtemps sur ce point : nous pouvons chanter intérieurement tout un air de musique une fois que nous l'avons entendu. Beethowen a composé des opéras étant sourd[1] : c'était donc par la seule imagination et non pas directement par l'ouïe proprement dite, qu'il pouvait juger lui-même son œuvre et en apprécier les effets probables.

Tout le monde sait encore qu'un gourmand trouve un réel plaisir à penser aux bons repas qu'il a pu faire. L'eau lui en vient à la bouche, et ce n'est pas

---

1. Entre autres *Fidelio*.

là une pure métaphore. Des expériences dirigées par un habile expérimentateur sur des chevaux vivants ont prouvé que, chez l'animal excité par la faim, l'espérance d'un repas prochain met les organes du goût en mouvement; elle produit une partie au moins des phénomènes qui accompagnent habituellement la mastication[1]. Le même fait, plus ou moins apparent, se retrouve chez l'homme même.

Le chien, pendant son sommeil, imagine qu'il sent la piste de son gibier accoutumé. On le voit se réveiller en sursaut ou aboyer tout en dormant. Mais le sens de l'odorat est de beaucoup plus développé chez les animaux que chez l'homme. Nous ne pouvons imaginer des odeurs aussi aisément que le fait sans doute un carnassier, chez qui ce sens est continuellement en éveil et sans l'exercice duquel il risquerait souvent de mourir de faim. Nous verrons toutefois que, si les conditions physiologiques de l'action de nos sens se trouvent légèrement modifiées, nous aussi nous pouvons imaginer des odeurs; nous pouvons même avoir les organes de l'odorat physiologiquement affectés par les sensations que nous croyons éprouver, et cela sans cause extérieure, sans objet correspondant.

Le sens du toucher peut être considéré comme complexe; car on distingue habituellement un toucher actif qui, analysant l'étendue, les distances, le nombre et le poids, laisse, pour ainsi dire, après lui, plus de connaissances que de sensations; et un toucher

---

[1]. Voyez notre livre l'*Homme et l'animal*, 2ᵉ partie, chap. V.

passif qui sent plus ou moins vivement les pressions, la température froide ou chaude, le tranchant, la mollesse ou la dureté des corps. Ces dernières sensations sont bien voisines de celles que nos organes intérieurs éprouvent quand une lésion quelconque les distend ou les rétrécit, suspend ou contrarie leurs fonctions. Or, notre imagination sans doute est le plus souvent rebelle quand nous lui demandons de nous rendre encore quelques-unes des sensations agréables qui nous ont chatouillés autrefois : elle ne l'est cependant pas toujours, ou elle ne l'est pas absolument, surtout quand l'homme est encore dans toute l'ardeur de la jeunesse. Mais peut-être la douleur est-elle malheureusement plus facile à retrouver ou à imaginer que le plaisir. Il est des récits qui nous font froid dans le dos, c'est-à-dire qui nous font éprouver au moins quelques indices des douleurs auxquelles nous pensons. Balzac raconte de lui-même que, s'il se représentait un canif entrant dans ses chairs, il en ressentait de vives souffrances. Je connais personnellement un médecin qui, ayant rêvé qu'on le pendait, se réveilla vraiment affecté par les symptômes de la strangulation, et la sensation réelle, suite de la sensation imaginaire, fut tellement forte qu'elle détermina des accidents dont la complète guérison se fit très-longtemps attendre. D'ailleurs, est-il besoin de chercher des exemples extraordinaires? Il n'est guère d'étudiant en médecine qui n'ait cru remarquer sur lui tous les symptômes des maladies que ses maîtres lui décrivaient pour la première fois. Si le nombre est grand de ceux que la foi dans le remède ou dans la médecine a pu guérir, le nombre de ceux que l'on nomme avec raison malades imaginaires n'est-il pas plus grand encore?

En résumé, aucune des sensations que nous avons pu éprouver n'est absolument perdue ou effacée. Le sens qu'elle a ébranlé doucement ou fortement peut toujours en conserver quelque trace, et cette trace peut toujours revivre. Toute sensation suppose en effet un mouvement de l'organe sensoriel. Les ondulations lumineuses, les ondes sonores, les émanations odorantes.... ne sont senties et perçues qu'à la condition de communiquer leur propre mouvement aux organes de la vue, du goût, de l'odorat. Or, chacun de ces mouvements qui ébranlent l'organe sensoriel paraît, il est vrai, se suspendre et s'arrêter pour faire place à un autre. Mais une loi que nous constatons, si nous ne pouvons pas encore l'expliquer, fait que l'organe garde toujours une certaine disposition à répéter ces mouvements.

Nous avons dit : l'organe ; mais des deux parties dont se compose tout système sensoriel, la partie extérieure ou périphérique, comprenant les nerfs, et la partie profonde constituée par une partie des centres nerveux, c'est cette dernière, aucun physiologiste n'en doute plus, qui reproduit d'elle-même les modifications dont jadis elle n'avait été affectée qu'à l'occasion des impressions à elle transmises par les nerfs.

En voici des preuves convaincantes :

En temps ordinaire, dans l'état normal, nous entendons, quand des sons ébranlent notre oreille et arrivent par elle jusqu'au cerveau ; nous voyons, quand les rayons lumineux passent par l'intermédiaire des nerfs optiques pour venir impressionner la partie des hémisphères cérébraux où ils se rendent. Nous ne voyons donc pas, les yeux fermés, et nous n'entendons pas, les oreilles closes. Mais si les sourds n'entendent plus, et si les aveugles ne voient plus, dans le sens propre du mot, ils peuvent encore imaginer qu'ils entendent ou qu'ils voient. Leurs imaginations peuvent même atteindre cette vivacité, cette ressemblance avec la sensation positive qui les fait appeler *hallucinations*. Nous touchons ici à une forme extraordinaire et plus saillante du phénomène que nous étudions ; mais la forme exagérée doit servir à nous faire mieux connaître la forme commune. Qu'est-ce donc qu'une hallucination ? Nous venons de l'indiquer : c'est une imagination si peu différente, quant aux effets ressentis par l'organisme, de la sensation à laquelle elle correspond, qu'elle peut être définie une sensation n'étant actuellement causée par aucun objet extérieur. Or, on a souvent constaté la persistance des hallucinations après l'ablation des organes sensoriels périphériques. Esquirol, par exemple, dit avoir étudié une femme aveugle et maniaque qui voyait des choses étranges ; il lui trouva après sa mort les deux nerfs optiques atrophiés. Il parle aussi de femmes sourdes qui, dans leur délire, entendaient des personnes invisibles se disputer[1]. Presque tous les aliénistes rapportent des faits semblables et en grand

---

1. Esquirol. *Des maladies mentales*, t. I, p. 97, édition de 1838. J.-B. Baillière

nombre. C'est donc, encore une fois, la partie profonde ou cérébrale de l'organe qui tend à reproduire et qui reproduit souvent, avec une vivacité surprenante, les sensations qui d'habitude lui sont transmises par les nerfs.

Quoi qu'il en soit, l'organe sensoriel, pris dans son ensemble, a une disposition à éprouver de nouveau et par son propre mouvement les sensations qu'une cause extérieure a pu antérieurement provoquer en lui. Qu'il en reste à l'image pure et simple, les sensations actuelles gardent leur relief prédominant; l'esprit, toujours occupé de ces dernières, ne peut pas être dupe de ces représentations plus pâles qu'il se donne à lui-même; il sait qu'elles répondent à des choses passées ou absentes. Mais que cette tendance de l'organe se prononce, que le mouvement nerveux grandisse, que la représentation s'accuse, que l'image s'accentue et se colore, les apparences deviennent de plus en plus semblables à la réalité; l'esprit ne sait plus, ne peut plus distinguer entre ce qu'il imagine et ce qu'il voit ou entend. L'hallucination paraît donc être la forme exagérée, pathologique, d'un phénomène dont l'image est la forme normale et ordinaire. Une seule et même tendance, ici surexcitée, là contenue, aboutit à cette dernière forme chez tous les hommes, à celle-là chez un petit nombre de personnes malades.

Entre ces formes extrêmes, il y a naturellement des degrés, et l'un de ces degrés est l'*illusion*. Dans l'illusion, la représentation que nous nous formons n'est pas absolument sans objet, comme l'hallucination, mais elle ne correspond pas exactement à l'objet présent comme la sensation normale : le phénomène extérieur qui a affecté notre sens est altéré. Ainsi, aucune parole n'a été prononcée et cependant j'en entends une clairement et distinctement : voilà l'hallucination ; une parole a été prononcée, j'en entends une autre : voilà l'illusion. Comment ce dernier fait se produit-il ? Vraisemblablement, à l'instant même où une parole frappe mon oreille, j'en imagine une autre, répondant mieux à mes espérances ou à mes craintes ou à une préoccupation quelconque. La sensation réelle et la sensation imaginaire se confondent, et, par sa contiguïté, la première communique à la seconde sa force, son relief, ou, comme on dit, son objectivité [1].

Voulez-vous vous représenter la progression de ces divers états ? Songez à l'un de ces criminels que le remords poursuit après leur forfait (ils sont rares peut-être, mais il y en a). Peut-il d'abord ne pas avoir

---

1. Deux étudiants en médecine s'aidaient réciproquement dans une dissection. Pendant que l'un d'eux, attentif à ses recherches, étend le doigt, son compagnon promène en plaisantant sur ce doigt le dos d'un scalpel. Notre anatomiste recule aussitôt et pousse un cri terrible ; puis, riant de sa méprise, il avoue avoir senti le tranchant du fer et une douleur cuisante pénétrer jusqu'à l'os (Gratiolet. *De la Physionomie*, p. 287.)

Au moment où s'instruisait le procès du maréchal Ney, plusieurs personnes, réunies dans un salon, parlaient de lui et des événements politiques qui se groupaient autour de son procès. Tout à coup on annonce un visiteur dont le nom (*Maréchal aîné*) se rapprochait du nom de Ney. L'une des personnes assises pousse un cri : non-seulement elle avait cru entendre le nom du maréchal, mais elle avait cru le voir lui-même et avec les traits qu'elle lui connaissait. La ressemblance était demeurée à ses yeux parfaitement exacte pendant quelques instants. (D' Ture, *Influence of the mind upon the body*, p. 45. — Cité par P. Despine, *De la folie*, p. 243.)

dans l'esprit l'image de sa victime ? Cette image, qui à chaque instant le poursuit dans l'état de veille, vient plus noire, plus incohérente, plus menaçante et plus inévitable encore, l'assaillir pendant ses rêves. Bientôt le moindre bruit lui fait peur ; il s'imagine entendre des voix qui le dénoncent ou qui témoignent contre lui. Un peu plus, il serait dans la situation de ce fou, pour qui le tic-tac de sa montre se transformait en paroles moqueuses, le traitant d'homme déshonoré. Mais si les sens en arrivent à favoriser ces illusions, sont-ils bien loin de l'état où, d'eux seuls, ils reproduiraient les formes redoutées ou feraient résonner ces voix accusatrices? Non, à coup sûr. Il faudrait sans doute, pour cela, que la tension cérébrale fût assez forte pour altérer les fonctions des centres nerveux. Mais n'est-il pas évident qu'il n'y a plus à franchir qu'un stade plus ou moins difficile, selon les organisations individuelles, pour arriver à l'hallucination?

Disons maintenant que, suivant les témoignages des aliénistes, on rencontre chez les malades des hallucinations de tous les sens : hallucinations de la vue, de l'ouïe, du toucher, du goût, de l'odorat, des sens internes[1]. C'est avancer une fois de plus que tous les sens peuvent, à des degrés divers, reproduire la sensation primitive, bref, que tous contribuent à alimenter ce que nous appelons l'imagination.

Mais comment, et en vertu de quelles lois reviennent ces images?

Si nous nous observons nous-mêmes, et si nous

---

1. Voyez particulièrement Brierre de Boismont, *Les Hallucinations*.

jetons quelques regards attentifs autour de nous, nous constatons que la sensation actuelle d'un objet présent, clairement et distinctement aperçu, et l'image d'un objet absent ou le renouvellement spontané d'une sensation antécédente, ne se produisent guère simultanément. L'organe ne pourrait aisément suffire à ce double travail. Plus l'un est fort, plus l'autre est affaibli. M. Taine et avant lui Gratiolet [1] ont recueilli sur ce point des observations intéressantes. Composer un air de musique alors qu'on en entend jouer un autre est difficile. Avez-vous un portrait sous les yeux et voulez-vous vous représenter une autre figure plus ou moins semblable ou différente? Involontairement, vous levez les yeux ou vous détournez la tête; vous cessez momentanément de regarder le portrait qui est devant vous. En revanche, il est plus facile de composer de la musique devant un tableau, parce qu'alors la sensation actuelle et la sensation renouvelée ou image, n'appartenant pas au même sens, ne se font pas autant concurrence. Etes-vous occupé à un travail qui exige une attention persévérante et fortement appliquée, vous ne pensez qu'à l'instrument que vous dirigez et au travail que vous exécutez : nulle autre image ne se présente à vous. N'avez-vous à dépenser qu'une activité machinale, et l'habitude vous dispense-t-elle de réfléchir, pendant que vos doigts sont en mouvement, alors les images vous arrivent nombreuses et variées : vous avez les pieds ici, les yeux ailleurs. Que si vous cherchez à enchaîner logiquement des

---

[1]. Taine, *De l'Intelligence*. Gratiolet, *Anatomie comparée du système nerveux dans ses rapports avec l'intelligence.*

images, soit pour retrouver des souvenirs exacts et précis, soit pour construire de véritables idées et formuler des jugements sûrs, vous réduirez sans doute l'intensité des images, et de celles qui s'offriront à vous vous n'en accepterez qu'un petit nombre. Si vous vous abandonnez indifféremment à celles qui viennent d'elles-mêmes ou au gré d'associations insignifiantes, votre esprit va s'isolant de plus en plus du monde réel. Quand les sens se sont fermés l'un après l'autre, aux approches du sommeil, et qu'enfin l'organisme a cessé tout commerce avec le dehors, les images règnent et dominent en nous sans résistance ; nous les subissons et nous y croyons, jusqu'à ce que, redevenus plus sensibles aux impressions des choses réelles, nous puissions, après comparaison, constater leur véritable nature.

Plus généralement, dans une existence laborieuse et bien remplie, les imaginations ont peu de place ; elles abondent dans les heures de paresse et de rêverie. Elles abondent aussi chez les Orientaux fatalistes, chez les jeunes gens qui ne peuvent pas encore être engagés dans les luttes de la vie réelle, chez les déclassés, dont l'ambition est aussi vive que leur énergie l'est peu, chez les femmes oisives, chez les personnes craintives qui, se supposant malades ou impuissantes, redoutent d'agir, chez certains religieux adonnés à la vie purement contemplative et chez lesquels les organes même de la vie animale ont presque suspendu leurs fonctions [1]. Jamais enfin les fausses sensations ne tourmentent autant les organes les plus intimes, jamais ils n'envoient à notre cerveau tant de vapeurs

---

1. V. Dr Charbonnier. *Maladie des mystiques.*

et de vertiges, que quand la pauvreté du sang met à la disposition des organes des matériaux insuffisants ; les fonctions habituelles se ralentissent, et c'est alors que se développent ces mouvements vagues, sans utilité, sans but et sans règle, qui agitent et tourmentent l'individu.

Quelle conclusion tirer de tous ces faits ? Que si l'activité de nos sens n'est pas occupée par un travail qui les attache soit à des objets réels et présents, soit à des conceptions cherchées et élaborées par l'intelligence, cette activité n'en devient pas pour cela moins intense ; elle en devient plus indépendante, plus libre, en un sens, elle s'abandonne plus au hasard. Et à quoi s'applique-t-elle ? Sans doute elle enfante bien souvent des images incohérentes, auxquelles rien ne répond dans la nature. Si cependant vous en cherchez avec attention les éléments, vous trouverez toujours que le sens tend à renouveler des sensations antérieures. L'esprit les réunit pêle-mêle ou les combine ; mais, quant au sens, il n'imagine que ce qu'il a senti et perçu au moins une fois.

Cette tendance des organes sensoriels à reproduire ou à renouveler leurs propres sensations peut être aisément expliquée. Elle n'est qu'un cas d'une loi beaucoup plus générale, de la tendance qu'ont tous les organes d'un être vivant, sans exception, à vivre de leur vie le plus possible. Par cela seul qu'un organe vit, il s'entretient, il répare ses pertes, il se développe, il résiste à tout ce qui contrarie son évolution, il travaille à se maintenir ou à se replacer lui-même dans son état normal, agissant toujours avec d'autant plus de vivacité que les conditions environnantes lui sont plus favorables et que les matériaux sur lesquels il doit s'exercer sont moins rebelles à son action. Il est inutile d'ajouter qu'à des degrés divers la douleur vient attester les difficultés que ressent l'organe, comme le bien-être ou le plaisir accompagne tout développement facile et vigoureux de ses fonctions.

Cela étant, devons-nous être étonnés que l'organe, habitué à une action périodique et la sentant, pour ainsi dire, nécessaire, tende toujours à la recommencer? Dans l'état ordinaire, nous lui fournissons régulièrement de quoi exercer son travail, de quoi s'entretenir ou se renouveler. Mais il est constant qu'en un certain nombre d'occasions, privé des aliments habituels de son activité, il aspire néanmoins à l'exercer encore, souffre du besoin qu'il ressent et communique à l'être tout entier je ne sais quelles sensations obscures causées par les efforts pénibles et infructueux qu'il tente pour agir. Or, les sens proprement dits obéissent à la même loi, avec cette différence que les sensations auxquelles ils donnent lieu sont non-seulement plus nombreuses, mais plus claires et plus précises, l'activité personnelle de l'individu s'y intéressant davantage. Tels aliments sont les matériaux sur lesquels s'exercent les fonctions de l'estomac : tels autres provoquent l'activité des intestins. Par quoi l'activité de l'œil, de l'ouïe, de l'odorat, est-elle provoquée? Par ces mouvements ou ondulations qu'ils transforment en lumière, couleur, son, odeur, et ainsi de suite. De même encore que tels aliments révoltent les intestins ou l'estomac, de même telle succession de sons et tel rapprochement de couleurs blessent les oreilles et les yeux.

Si un organe intérieur peut, à la suite de ses tendances naturelles, contracter des besoins imprévus, des exigences factices et, avec d'insensibles gradations, des habitudes anormales, nos sens extérieurs le peuvent aussi. On le conçoit tout d'abord et sans peine pour les sens du goût et de l'odorat, si voisins des organes de la nutrition et liés à eux par tant de sympathies. Mais il faut l'admettre aussi pour les autres sens. Tant que l'ouïe et la vue sont occupés et retenus agréablement par les sensations que les choses environnantes leur procurent, ils ne tendent qu'à transmettre fidèlement ces sensations à l'esprit qui les élabore, qu'à les lui rendre sous une forme qui facilite son travail sans lui imposer ni distraction violente ni fatigue. Les sensations sont-elles suspendues par l'absence de leurs objets naturels, il est positif que les sens travaillent à s'en procurer d'autres. Dans le silence profond, nous sentons nos oreilles qui bourdonnent. Quand nos yeux sont fatigués de voir trop longtemps une seule et même couleur, ils voient spontanément la couleur complémentaire de celle-là, c'est-à-dire celle qui, jointe à elle, reconstitue la lumière blanche. Mais ce n'est pas tout. Non-seulement tout organe du corps tend à vivre de sa vie propre : chacun d'eux vit aussi solidairement avec tous les autres, jouit ou souffre de ce qui fait jouir ou souffrir les autres : chacun est entraîné dans l'action de ceux qui lui touchent de plus près ; et quelquefois même, dans des efforts plus énergiques, toutes les parties de l'économie peinent simultanément pour faciliter le travail qui intéresse la communauté tout entière. Or, à mesure que notre vie se prolonge, nos sensations se multiplient et se diversifient : elles s'exercent dans des circonstances dont pas une peut-être ne se reproduira jamais exactement même : elles entrent dans des combinaisons d'images et d'idées qui se renouvellent et s'agrandissent perpétuellement : elles contribuent à exciter ou à satisfaire des besoins de toute sorte ; elles lient donc avec les phénomènes tant internes qu'externes des associations dont le nombre est illimité. Une telle activité, sans cesse entretenue, et qui, nous le savons, n'est même pas suspendue pendant le repos du sommeil, veut à chaque instant s'exercer. Or, toute activité peut contracter des habitudes ; et il suffit que l'image d'une chose invisible agrée mieux que la vue des choses visibles, pour que le sens tende graduellement à reproduire avec un relief croissant l'image préférée. C'est en vertu de la même loi que nous pouvons mêler à la vue d'objets réellement perçus des images particielles qui nous les font actuellement voir plus beaux ou plus laids, suivant que nous les voulons tels ou tels pour satisfaire notre amour ou notre haine. Nous ne voyons pas tous les mêmes personnes avec les mêmes yeux, comme dit le langage populaire.

Dans ce que nous venons d'exposer sont implicitement contenues toutes les lois de l'imagination, tant celles qui président à l'activité spontanée des images que celles qui règlent l'action de l'esprit sur ces mêmes images groupées suivant un plan voulu, dans un ordre rationnel. Nous n'avons guère qu'à développer et à expliquer ces lois fondamentales.

Mais la spontanéité de l'imagination — dont nous devons parler tout d'abord — s'exerce sous trois formes ou dans trois directions principales.

1° L'image se mêle aux sensations, aux perceptions, aux jugements de la vie intellectuelle ; mais elle ne fait qu'apporter dans les actes de cette vie des troubles plus ou moins légers, elle ne l'altère ni, à plus forte raison, ne la suspend. C'est là l'état ordinaire du commun des hommes, de ceux-là tout au moins, et ils sont nombreux, qui se laissent conduire par leur imagination un peu plus qu'ils ne la conduisent eux-mêmes.

2° L'image ne suspend pas l'action des sens, ni celle des autres fonctions de la vie intellectuelle, mais elle en renverse l'ordre normal. Le raisonnement ne rectifie plus les images, il les accepte telles quelles et se met en quelque sorte à leur service pour en tirer des conséquences que l'esprit accepte toujours, elles aussi, si insensées qu'elles soient. C'est l'état de l'hallucination et de la folie.

3° L'image est tellement intense qu'elle suspend véritablement l'exercice des autres fonctions intellectuelles et celui même des sens, de quelques-uns d'entre eux, sinon de tous. Alors se développe comme une vie de l'image, tout à fait séparée de la vie normale ; cette seconde vie cesse et reprend à des intervalles plus ou moins éloignés, les faits qui la constituent donnent lieu à des souvenirs spéciaux qui ne se mélangent point aux souvenirs de l'existence régulière. C'est là l'état qu'on retrouve dans le somnambulisme, naturel ou artificiel, dans l'extase et autres maladies analogues.

Si nous avions pour but principal l'étude de ces derniers états, c'est dans les phénomènes les plus connus de l'imagination que nous prendrions notre point de départ; puis nous irions graduellement jusqu'aux formes les plus extraordinaires où des causes exceptionnelles et des maladies toutes particulières les font arriver.

Nous ne renonçons pas à user quelquefois de cette méthode, qui devra nous rendre des services.

Mais ici, ce que nous voulons approfondir, c'est l'imagination proprement dite. Nous commencerons donc par l'examiner dans son état le plus saillant, là où, abandonnée toute à elle-même, elle n'est ni éclipsée par les impressions actuelles de la nature, ni disciplinée par les efforts de la raison. Ce qu'elle contient, pour ainsi dire, de force propre et intrinsèque et ce qu'elle renferme de dangers devra nous apparaître avec autant de relief et de clarté que si nous regardions sous un verre grossissant. La fonction exagérée et isolée des autres fonctions nous mettra mieux en garde contre les sourdes tendances, contre les emportements possibles, les menaces cachées et les tentatives de révolte de cette puissance mystérieuse. Dans la vie psychologique, comme dans la vie du corps, la santé et la maladie reconnaissent certaines lois communes : la pathologie ne rend pas à la physiologie moins de services qu'elle n'en reçoit, et les monstruosités mêmes servent à mieux faire saisir la composition, la structure, les proportions naturelles des organes.

Telle est la méthode que nous nous proposons de suivre en cette étude.

III

L'image suspendant les fonctions de la vie intellectuelle ordinaire. — Le somnambulisme, l'extase et les états analogues.

Nous ne prétendons ni expliquer ni même analyser dans leurs moindres détails ces états qu'on qualifie de *névroses extraordinaires* et dont les types principaux sont le somnambulisme et l'extase. Nous voulons seulement recueillir de ce que la science a établi sur ces névroses les faits les plus remarquables touchant l'action et le rôle de l'image.

Dans le somnambulisme naturel (c'est-à-dire qui est né et s'est développé de lui-même, sans pratiques ni artifices comme les attouchements et les passes), le sujet marche et agit, quoique endormi. Tout le monde connaît cette maladie : c'en est une, en effet ; qu'on veuille bien remarquer ce point dont l'importance est très-grande. Le somnambulisme peut, il est vrai, se remarquer chez des personnes ne présentant d'ailleurs ostensiblement aucun autre symptôme de maladie physique ou morale grave. Mais, outre qu'il n'est pas compatible avec une santé vraiment bonne et avec une intelligence vigoureuse, la loi est que le somnambule soit ou l'ascendant ou le descendant de quelque personne atteinte d'une maladie nerveuse caractérisée. On le sait, plus d'une maladie héréditaire sommeille et reste à l'état latent dans une génération intermédiaire. Le somnambulisme est ainsi la forme transitoire d'une maladie grave, comme la goutte, l'épilepsie ou la folie, soit que cette maladie se repose et soit momentanément enrayée, soit qu'elle débute. Voilà pourquoi les médecins n'hésitent pas à qualifier cet état de névrose, c'est-à-dire de maladie des centres nerveux[1].

Insensible à certaines impressions qu'il sentirait vivement, s'il s'éveillait, très-sensible à certaines autres dont il ne s'apercevrait même pas dans son état ordinaire, tantôt souple et agile, tantôt frappé d'immobilité, pouvant passer avec une rapidité extrême d'un état à l'autre, retrouvant infailliblement sa route à travers les obstacles les plus dangereux, sachant mettre le pied comme la main là où il faut, capable des ascensions les plus aventureuses et des travaux les plus minutieux, parlant et causant sans voir ni les personnes ni les choses qui l'environnent quand elles sont en dehors de l'acte qu'il exécute, sans entendre parmi les paroles prononcées celles qui ne répondent pas absolument à ses pensées du moment, tout cela en restant endormi, sur quoi donc le somnambule se guide-t-il?

Un premier groupe de médecins met en avant l'hy-

---

[1]. Il est vrai qu'on a aussi qualifié le génie de *névrose*, mais c'est là une opinion qui a été fortement réfutée, comme nous le rappellerons plus loin.

peresthésie, c'est-à-dire la délicatesse exagérée de certains sens, et ils citent des faits fort curieux à l'appui de cette explication. Tout d'abord, pour nous préparer à l'accepter, ils nous rappellent qu'en dehors du somnambulisme proprement dit les cas d'hyperesthésie ne sont pas des plus rares. Beaucoup d'aveugles ont une finesse d'ouïe et une délicatesse de toucher fort remarquables ; ils paraissent sentir avec la peau, comme les chauves-souris, la proximité d'un obstacle, et ils apprécient de la même manière l'étendue plus ou moins grande d'un espace vide. On parle encore de cas authentiques de vision dans les ténèbres ou de nyctalopie, pour employer le mot technique. M. le docteur Michéa cite [1], d'après Boerhaave, un homme qui à la suite d'une ivresse un peu forte avait acquis la faculté de lire dans les ténèbres. Mais le plus souvent ces cas d'hyperesthésie sont liés à un désordre qui affecte l'ensemble du système nerveux. Ainsi Magendie rapporte l'exemple d'un sourd qui, ayant été attaqué de la rage, entendit alors très-distinctement [2]. Puis, arrivant plus au fait, M. Michéa cite encore, d'après Alex. Bertrand, une jeune fille de dix-huit ans, somnambule magnétisée le jour, mais somnambule naturelle la nuit, et qui, pendant ses accès nocturnes, ne pouvait distinguer les objets qu'autant qu'elle se trouvait dans l'obscurité la plus profonde. La moindre lumière, celle de la lune à travers les jalousies, la

---

1. *Annales médico-psychologiques*, année 1860, pages 504 et suivantes.
2. Magendie, article *Rage*, dans le *Dictionn. de médecine et de chirurgie pratique*.

lueur d'un tison mal éteint dans la cheminée, suffisait pour faire obstacle à sa vision[1]. D'autre part, on allègue telle jeune fille qui reconnaissait les personnes à l'odorat, une autre qui reconnaissait au simple attouchement de la joue, un autre malade encore qui entendait distinctement une conversation tenue à voix basse à un étage différent, etc., etc[2].

Une observation du docteur Mesnet relate des faits tout semblables : une somnambule qu'il avait à soigner entendait, pendant ses accès, des sons qui ne parvenaient point aux oreilles des gens placés près d'elle. Elle pouvait coudre et écrire dans une obscurité assez grande pour que les yeux des observateurs ne distinguassent plus les objets. Se conduisait-elle d'après des sensations? Oui, répond le docteur Mesnet, et en voici la preuve. Si l'on interposait un corps opaque entre les yeux de la malade et son papier, au moment où elle était occupée à écrire, on la voyait s'interrompre en témoignant un vif mécontentement. Mais si l'on interposait le même objet entre ses yeux et la lumière, de manière à projeter sur elle une ombre assez épaisse pour qu'il ne fût pas possible aux autres de distinguer la continuité des lignes, elle n'en écrivait pas moins avec autant de facilité et de précision[3].

Tous ces faits peuvent être vrais et authentiques. Ils le sont à coup sûr, car le témoignage des savants qui les ont rapportés ne laisse place à aucun doute. Mais ils n'expliquent pas tout. Le somnambule peut

---

1. Voy. Al. Bertrand, *Du Somnambulisme*, pages 182 et suivantes.
2. Idem, *ibid.*, pages 133, 182, 467.
3. *Annales médico-psychologiques*, année 1860, p. 467.

voir clair pendant la nuit, ou bien il peut deviner son chemin par la seule délicatesse de son toucher ? Soit ! Mais ces sens qui sont si délicats pour certaines sensations restent fermés à toutes les autres. Le sujet voit son chemin, et il ne voit ni les choses ni les personnes qui l'entourent. Il semble voir les obstacles, et cependant il ne s'en effraye pas, c'est même ce qui lui permet de s'en préserver ou de s'en retirer aussi indemne. Voilà qui est plus mystérieux. Nous comprenons que des sens plus impressionnables et plus fins perfectionnent les fonctions de la vie de relation, en exaltant la faculté locomotrice; nous ne comprenons pas qu'ils la changent à un tel point. Il faut donc qu'il y ait encore une autre cause, dont l'action puisse s'ajouter à celle qu'on vient de nous signaler.

Selon d'autres observateurs, parmi lesquels est M. Alfred Maury[1], ce n'est pas d'après les impressions actuelles dues à l'hyperesthésie de certains sens que se conduit le somnambule, c'est d'après ses propres imaginations. Il voit, pour ainsi dire, dans sa pensée, et se meut d'après elle ; en d'autres termes, il se retrace dans une suite d'images les actes qu'il doit faire, les lieux qu'il doit traverser, de même que, malgré la plus profonde obscurité, vous pouvez retrouver facilement dans votre bibliothèque, si vous la connaissez à fond, le livre dont vous avez besoin. Le somnambulisme n'est ainsi qu'un rêve double, plus précisément un rêve ordinaire accompagné d'un rêve en ac-

---

1. *Annales médico-psychologiques*, année 1860, pages 208 et suivantes. Voyez aussi l'ouvrage du même M. Alf. Maury sur le *Sommeil et les rêves*.

tion, l'un entraînant l'autre et le guidant pas à pas.

Est-il des faits qu'on puisse alléguer à l'appui de cette hypothèse? Assurément. Alex. Bertrand demandait à une somnambule pourquoi, la nuit, elle se rendait dans toutes sortes d'endroits et montait même sur les toits de la maison. La malade lui répondit que c'était dans l'intention d'aller chercher un objet, un clou, une épingle qu'elle voyait en rêve[1]. Voilà bien l'image entraînant le mouvement et imposant l'action. M. Alf. Maury, de son côté, dit avoir connu un jeune somnambule qui, pendant la nuit, se levait, parcourait l'appartement, l'œil fixe, n'apercevait aucun de ceux qui l'observaient et passait au milieu des meubles sans les heurter. « Mais c'était si bien, dit M. Maury, la mémoire (imaginative) qui le guidait, que si l'on venait à changer la place d'un de ces meubles et à le mettre sur son passage, il donnait contre et s'éveillait alors généralement[2]. » Voilà certes un exemple topique et l'un des meilleurs qu'on puisse trouver à l'appui d'une théorie.

Mais comme tous les faits, du moment où ils sont authentiques, sont également des faits, il ne s'agit pas de les opposer les uns aux autres; il s'agit beaucoup plutôt de les concilier, c'est la seule manière de bien voir tous les aspects d'une même difficulté. Or, si nous réunissons ces deux ordres de faits qu'on invoque de part et d'autre, hyperesthésie de certains sens et force directrice de l'image, nous voyons qu'ils n'ont rien d'incompatible. Ce qui serait contradictoire,

1. *Annales médico-psychologiques*, 1860, p. 298 et suivantes.
2. *Ibid.*

ce serait une sensibilité fortement occupée par des impressions violentes ou délicates et une imagination errante et vagabonde. Mais qu'un même objet s'impose avec une égale tyrannie aux sens et à l'imagination, qu'autour d'une même conception se groupent à la fois, entraînées et retenues par une force également irrésistible, les sensations et les images, voilà qui est parfaitement acceptable et conforme à l'expérience même de la vie commune. Reprenons notre exemple si simple de tout à l'heure. Je suppose que vous ayez besoin de trouver dans l'obscurité un livre de votre bibliothèque. Si vous cherchez sous l'empire d'une préoccupation tant soit peu vive et *d'un autre ordre*, vous aurez beau aller et venir, porter la main ici et là, vous risquerez fort de perdre beaucoup de temps; votre imagination étant ailleurs, vos sens seront comme égarés : il est possible qu'ils ne distinguent même plus ce qu'ils connaissent le mieux. N'êtes-vous au contraire préoccupé que de vos livres et spécialement de celui qui vous est nécessaire, alors les yeux fermés, vous vous représentez nettement la suite des volumes classés sur les rayons, la diversité des formats et des reliures, d'autres accidents encore qui vous sont familiers à vous: aussi la moindre sensation vous fera-t-elle reconnaître à quel point de la série représentée vos doigts en sont arrivés dans la série touchée et palpée. Enfin, c'est quand la sensation réelle et la représentation ou image coïncideront que vous vous direz : J'ai trouvé ! Ces comparaisons peuvent se faire avec une rapidité surprenante et avec la sûreté de l'automatisme.

Voici d'autres faits analogues. Un médecin ou un

chirurgien qui opèrent promènent le doigt et l'instrument dans des régions aussi obscures que délicates du corps humain, et ils trouvent avec une sûreté qui nous étonne les points malades ou menacés. Où donc ont-ils vu et étudié la topographie de ces régions? Dans des pièces d'anatomie, dans des figures schématiques. Et quand ils explorent le sujet qu'ils veulent guérir, il est incontestable que le souvenir exact de ces représentations vient guider leur main. La plus exquise finesse du toucher ne leur servirait de rien, si elle n'était ainsi dirigée. D'autre part, cependant, cette connaissance anticipée, ces notions générales, plus exactement ces représentations saillantes et précises qui se sont fixées devant l'œil de leur pensée, ont singulièrement aiguisé et assuré la délicatesse de leur toucher. Mais elles ne l'ont ainsi perfectionnée que pour les sensations et les actions de cet ordre. On peut en dire autant pour toutes les sciences et tous les arts. Le nez d'un chimiste et celui d'un médecin auront des aptitudes différentes, mais acquises les unes et les autres en vertu de la même loi. En un mot, quand une image ramenée par la mémoire et une sensation fournie par l'exercice actuel de l'un des sens coïncident assez bien pour se confirmer mutuellement, la puissance des facultés qu'elles dirigent en est plus que doublée. Or, si le somnambule est en proie à une imagination très-forte et très-nette, s'il lit, comme on le veut, dans la carte en relief de ses images, pourquoi ses sens, disposés d'ailleurs par le trouble cérébral à une certaine hyperesthésie, n'en recevraient-ils pas l'influence?

N'était-ce pas là le cas du somnambule observé et décrit par M. Maury? C'était si bien la correspondance de son rêve avec les sensations actuelles qui le guidait, que, si l'on venait à déranger cette coïncidence, ses sens demeuraient impuissants à s'en rendre compte: brusquement arrêté, il s'éveillait.

Cette explication nous permet de mettre à sa vraie place et dans son ordre un fait très-important du somnambulisme et que nous avons seulement indiqué. On nous a dit et montré que la sensibilité visuelle ou tactile ou auditive du somnambule peut être extraordinairement subtile. Il faut ajouter qu'elle est encore partielle et exclusive. Ce n'est pas seulement que le tact, par exemple, peut subsister pendant que la vue cesse de fonctionner. Non. Un même sens peut, chez le somnambule, être accessible à certaines sensations et être fermé à toutes les autres. Relisez l'observation du docteur Mesnet, observation dans laquelle il est parfaitement évident que le sujet recevait certaines sensations et s'en servait pour agir. Il voyait sa plume et son papier ou son aiguille : il ne voyait pas les personnes qui l'entouraient. D'ailleurs, les exemples de ce caractère exclusif et spécial des sensations du somnambule sont très-nombreux. C'est là un fait universellement reconnu des aliénistes. Mais dans les états morbides comme dans les états physiologiques, tous les faits doivent nécessairement se tenir, ils ont un lien qui les enchaîne, ils ont, comme on dit aujourd'hui, leur déterminisme. Qu'est-ce donc qui détermine cette spécialité des sensations — d'autant plus vives, qu'elles sont plus exclusives?—Nous répondrons : C'est la spécialité des images; et il n'est pas difficile de le prouver.

Prenons, si l'on veut, comme point de départ, les conditions mêmes de la vie régulière et de la santé. Une mère ou une nourrice qui couche à côté de son enfant perçoit pendant son sommeil le moindre remuement du berceau, le moindre soupir du baby : elle n'entend pas les gros bruits qui partent de la rue. Voilà une comparaison que tout le monde a faite, et tout le monde sait que, si la subtilité de l'ouïe s'applique ici à des impressions toutes particulières, c'est que celles-ci répondent et font écho à une préoccupation particulière de l'esprit. La sensation coïncide avec une imagination plus constamment et plus vivement mise en éveil. C'est là une vérité sur laquelle il est inutile d'insister.

Qu'y a-t-il de plus dans le somnambule? Des images extraordinaires sans doute et anormales, mais qui ont été lentement amenées par un concours de causes physiques et morales qui ont fait dévier l'organisme et en ont troublé les fonctions. Ces images sont donc liées à une agitation cérébrale plus violente, elles maîtrisent davantage l'individu ; mais l'action qu'elles exercent sur les sens du malade n'est en rien contraire aux lois psychologiques et physiologiques de la vie saine ; ce sont les proportions seules qui diffèrent. Voici encore à ce sujet une observation fort intéressante du docteur Mesnet. « Le malade, raconte-t-il, qui présentait pendant la veille une organisation peu active, une volonté sans résistance, s'offrait, pendant la période somnambulique, avec une activité développée, une volonté puissante, des déterminations énergiques. Le but de cette activité était le suicide. Pendant la crise, son esprit et ses sens se fermaient à la plupart des impressions du dehors : tout son être physique et moral se mettait au service de cette idée ; il pensait, combinait, agissait pour arriver à ce but, et présentait ainsi chaque fois le délire le plus complexe qu'il soit possible d'observer. *Les sens étaient éveillés, mais n'exerçaient leur action que dans une sphère restreinte, toujours en rapport avec l'idée dominante.* Se plaçait-on devant elle pour contrarier ses projets, elle ne voyait dans les personnes en présence desquelles elle se trouvait que des obstacles qu'elle tournait, évitait, bousculait, *sans jamais les reconnaître* [1]. »

Shakespeare, chez qui toutes les descriptions des troubles de l'âme et des sens ont été si justement admirées, n'a pas méconnu ce fait merveilleux. Lady Macbeth, dans son accès de somnambulisme, sent encore le sang du vieillard qu'elle a tué. Et elle revient au lit les yeux ouverts, mais ne percevant aucune sensation lumineuse, bien qu'elle ait toujours un flambeau à côté d'elle. Son œil ne lit que dans les horribles images de son propre crime.

Ces exemples nous préparent non-seulement à admettre, mais à comprendre le cas célèbre du somnambule Castelli. Ce sujet, parfaitement observé [2] et étudié par des personnages dignes de foi, lisait et écrivait pendant la nuit. Mais ce qu'il y avait de plus remarquable dans son fait, c'est qu'il était tour à tour

---

1. *Annales médico-psychologiques*, année 1860, pages 464-5.
2. V. Al. Bertrand, *Le somnambulisme*.

incapable de lire avec de la lumière et capable de lire dans l'obscurité, suivant qu'il s'imaginait ou non être éclairé et pouvoir lire. S'arrangeait-on de manière à lui faire placer lui-même dans un flambeau un objet quelconque qu'il prît pour une bougie allumée, il avait beau être plongé dans les ténèbres, il prenait la plume et écrivait imperturbablement. Lui enlevait-on la lumière placée à ses côtés, on avait beau garder derrière lui des lustres ou des flambeaux qui éclairaient la salle et lui-même, on le voyait tâtonner, s'arrêter, cesser d'écrire. En deux mots, quand il s'imaginait pouvoir voir, il voyait; quand il s'imaginait ne pouvoir pas voir, il ne voyait pas, quelles que fussent d'ailleurs les circonstances.

C'est encore exactement ce que nous retrouvons dans un somnambule célèbre dont parle un article de l'Encyclopédie. « Notez, dit l'auteur de cet article, que lorsque ce somnambule composait ses sermons, il voyait bien son papier, son encre, sa plume, et savait bien désigner si elle marquait ou non; il ne prenait jamais le poudrier pour l'encrier, et du reste, il ne se doutait même pas qu'il y eût quelqu'un dans la chambre, ne voyant et n'entendant personne, à moins qu'il ne les interrogeât. Il lui arrivait quelquefois de demander des dragées à ceux qui se trouvaient à côté de lui, et il les trouvait fort bonnes quand on les lui donnait. Et si dans un autre temps on lui en mettait dans la bouche, sans que son imagination fût montée de ce côté-là, il n'y trouvait aucun goût et les rejetait. »

Nous pouvons donc tenir pour prouvée cette assertion d'un observateur : « Les somnambules ne peuvent recevoir d'autres impressions que celles qui sont en rapport avec la série des idées qui les occupent ¹. » S'ils ont des sensations très-délicates et que la vie saine ne connaît pas, en dernière analyse, c'est l'image qui chez eux provoque et avive les sensations, augmente les unes en supprimant les autres. Elle suspend les sens, elle les fait sentir ; ces expressions de Pascal sont de l'exactitude scientifique la plus rigoureuse.

On comprend que, dans un tel état, le malade ne réfléchisse ni ne compare. Comme le dit M. A. Maury ², le somnambule « est dans un état d'automatisme dont son imagination fait jouer tous les ressorts. *Il pense et se meut tout objectivement sans retour sur lui-même*, comme le rêveur ; sinon l'étrangeté de son état l'amènerait à comparer ses actes à d'autres, à réfléchir et à juger. Et alors, rentrant dans la vie réelle, il s'éveillerait. » C'est ce qui fait que le somnambule succombe rarement au danger. Son esprit n'est occupé que par une seule imagination vers laquelle tout converge et à laquelle tout est subordonné en lui. Donc il ne connaît pas l'incertitude ; il n'est pas tiraillé en sens divers ; sa marche n'est pas paralysée par la crainte ; l'effort que sa volonté commence pour avancer n'est pas contrarié par une tendance à reculer ou à rester immobile, comme il nous arrive en une passe périlleuse. Chez lui, l'image, le sens et le mouvement, tout est d'accord, et rien, tant que dure la crise, n'en vient déranger l'harmonie.

Par une suite toute naturelle de cette prédomi-

---
1. Al. Bertrand, *ouvrage cité*, p. 74.
2. *Ann. méd.-psych.*, *ibid.*

nance de l'image et de son action sur des sensations particulières, le somnambule n'a pas l'idée du temps. Quiconque travaille sur ses propres sensations et ses images pour choisir parmi elles et en grouper un certain nombre fait une série d'efforts personnels dont il a une conscience claire. Il mesure donc le temps écoulé par le nombre des phénomènes intérieurs qu'il a successivement éprouvés et notés. Mais quand l'individu s'abandonne à un charme extérieur et cesse de préméditer ses actions, il s'oublie lui-même : ses appréciations sur la durée sont alors exposées à des défaillances singulières ou à des erreurs plus bizarres encore. C'est là un fait dont nous retrouverons d'intéressants exemples dans d'autres états analogues.

Enfin le somnambule, quand il s'éveille, ne garde pas le moindre souvenir de ce qu'il a fait ou subi pendant sa crise. Ce souvenir, il peut seulement le retrouver dans une crise ultérieure, quitte à le perdre encore une fois en rentrant dans la vie réelle. Ainsi, en Autriche, une jeune fille avait été outragée dans un accès de somnambulisme : à son réveil, elle n'avait aucun soupçon de cet événement. Mais dans un autre accès, différentes interrogations lui ayant été posées, elle se souvint de son infortune, la révéla, tout en dormant, en dénonça l'auteur avec tant de précision qu'elle le fit, paraît-il, arrêter, confronter et condamner[1]. Il n'y a pas là de quoi nous étonner outre mesure. Nos souvenirs sont généralement liés aux circonstances dans lesquelles se sont passés les

---

1. Ce fait est rapporté par le Dr Macario, par B. de Boismont, par Gratiolet.

événements d'où ils datent. C'est par ces associations
— qui ne le sait? — que se guide notre mémoire,
allant d'un fait à l'autre avec d'autant plus de rapidité
et de sûreté qu'elle en constate plus souvent les rapports. Quand nous revenons, après une longue absence,
dans des lieux que nous avons longtemps habités, le
cours de nos pensées ne change-t-il pas tout aussitôt?

> Les voilà, tels encor qu'il les a vus toujours,
> Ces grands bois, ce ruisseau qui fuit sous le feuillage !
> Il ne se souvient pas qu'il a marché dix jours !

A chaque détour des rues ou des chemins, à chaque
maison, des souvenirs effacés se ravivent ; nous remarquons l'absence d'un arbre ou le changement d'un
édifice. En un mot, toute une série d'idées, de souvenirs, d'images, interrompue depuis bien des années
peut-être, vient se rattacher au présent et se continuer, pour faire place ensuite à une autre série que
le retour dans notre habituel milieu nous forcera de
recommencer encore. Voici maintenant un fait qui se
rapproche un peu plus de ceux que nous étudions.
J'ai lu en quelque endroit qu'un soldat, dans un accès d'ivresse, avait égaré un objet appartenant à son
supérieur. Revenu à lui et au bon sens, il lui était
impossible de retrouver la chose et même de savoir
où il devait la chercher. Ayant eu le malheur de retomber dans le même péché, le souvenir lui revint, et
il découvrit l'objet en question. Ici, on voit bien clairement qu'un souvenir particulier s'était lié par association à divers phénomènes pathologiques, à ce qu'on
appelle les fumées de l'ivresse et à certain cours d'idées provoqué par cette perturbation passagère des

fonctions organiques. Les conditions natives du souvenir, si l'on peut s'exprimer ainsi, reparaissant, le souvenir lui-même reparaissait.

Nous n'avons pas à nous demander ici en quoi consiste exactement l'état du corps et notamment celui du système nerveux et du cerveau dans le somnambulisme. S'opère-t-il quelques changements, quelques substitutions temporaires dans les éléments constitutifs des tissus[1]? Y a-t-il quelque désordre de la circulation, prédominance du sang veineux sur le sang artériel dans les centres cérébraux, ou d'autres troubles analogues? Nous n'en savons rien précisément. Ce que nous constatons certainement, c'est que la vie des sens est en quelque sorte renversée : les uns sont complétement fermés ; quant aux autres, ils sont tournés en dedans plus qu'en dehors, puisque les faits du dehors ne sont plus perçus qu'autant qu'ils se rapportent aux préoccupations du dedans. Une existence aussi détachée[2] ne peut pas ne pas avoir ses associations à elle, par conséquent sa mémoire à elle. Ces alternances d'oubli complet et de subite réviviscence des souvenirs s'opèrent donc par des lois conformes à celles de la psychologie proprement dite. Le point par où ces phénomènes se distinguent fortement de la vie commune, c'est la prédominance absolue de l'image.

Alexandre Bertrand, au milieu d'hypothèses plus ou

---

1. Ainsi, dans l'alcoolisme, l'azote des tissus est chassé peu à peu et remplacé par du carbone et de l'hydrogène sous la seule influence du régime. Or, l'état de l'alcoolisme n'est pas sans analogie avec ceux que nous sommes en voie d'étudier.

2. Et qui commence et finit si brusquement, autre fait à remarquer.

moins hasardées, a entrevu cette explication : « Le retour subit du cerveau à son type ordinaire de vitalité, dit-il, suffit bien pour faire perdre subitement le souvenir de toutes les impressions reçues pendant son état d'excitation. Nous voyons tous les jours un pareil phénomène dans le délire, et des malades dans le transport d'une fièvre cérébrale sont affectés avec la plus grande vivacité d'impressions qu'ils oublient aussitôt que la fièvre est terminée, sans qu'on puisse trouver d'autre cause à cet oubli total que la cessation de l'état d'irritation dont le délire était le résultat[1]. » Ceci est très-juste et très-bien dit, mais ceci a une contre-partie. Si l'organe cérébral et le système nerveux tout entier ont comme un type de vitalité ou d'activité morbide auquel ils reviennent périodiquement, il est naturel qu'ils oublient alors tout ce qui se rapporte à leur vie normale, mais se souviennent des modes d'existence semblables à celui qu'ils reprennent de nouveau pour un temps.

L'étude d'autres névroses, très-proches parentes du somnambulisme, va nous aider à compléter et à confirmer tout à la fois les résultats de cette première étude.

On appelle tantôt magnétisme[2], tantôt mesmérisme[3], tantôt (c'est là son vrai nom) somnambulisme

---

1. *Ouvrage cité*, p. 483.
2. De *magnes*, en grec, μάγνης, aimant. Ce mot a d'abord désigné la science des phénomènes des aimants. Par extension, on appela magnétisme animal ou simplement magnétisme l'ensemble de pratiques dont nous allons parler, et dont les effets sur le corps humain furent, dans l'origine, comparés à ceux des aimants.
3. Du nom de Mesmer (né en 1733, mort en 1815), qui fut le prôneur

artificiel, un état extrêmement voisin de celui que nous venons d'examiner. Quelques charlatans ont pu faire accepter de la crédulité populaire que la seule fascination de leur regard plongeait à volonté une personne quelconque dans un sommeil fécond en actes merveilleux : à les en croire, leurs attouchements et leurs passes pénétraient de leur influence irrésistible les sujets élus, et transformaient avec une prestigieuse magie leurs facultés physiques et intellectuelles. Nous pouvons à ces prétentions opposer, non pas un traité positif, complet, de la matière, mais un nombre très-suffisant, croyons-nous, de faits scientifiques.

D'abord, dans ce somnambulisme artificiel, tout n'est pas artificiel. Le prestidigitateur nous dit qu'il faut avoir la foi : traduisez qu'il faut avoir le système nerveux préparé par un trouble assez profond. Il y a plus. Tous les médecins qui se sont sérieusement occupés de cette question souscriraient à ces paroles de cet esprit si ouvert, de ce critique si fin, de cet observateur si pénétrant qu'on appelait le docteur Cerise : « J'ai dit et je répète que pour être provoqué le somnambulisme, tel que je le connais, doit être, chez le sujet déjà malade, à l'état de prédisposition imminente, tellement imminente qu'il puisse à chaque instant se produire spontanément ; alors il suffit d'un rien pour le provoquer[1]. » Comment, par quel mécanisme physico-psychologique la crise somnambulique

---

de cette théorie, dite le magnétisme animal. Voyez l'intéressant travail de M. E. Bersot, *Mesmer et le magnétisme animal.*

1. *Ann. méd.-psych.*, année 1858, p. 322.

peut-elle être hâtée par l'industriel qui l'exploite ou le savant qui l'étudie, c'est ce que nous chercherons plus tard à expliquer. Pour le moment, nous pouvons accepter comme un fait, sur une autorité médicale plus que suffisante, qu'*un rien* suffit pour la provoquer.

Ces deux somnambulismes, l'un tout à fait spontané, l'autre provoqué, présentent certains caractères communs sur lesquels tout le monde est d'accord. Dans le second, comme dans le premier, il y a, non-seulement aptitude à marcher et à parler tout endormi, mais suractivité de l'image, obtusion complète de quelques sens, hyperesthésie de quelques autres, sensations toutes spéciales, suivant la prédominance d'un système d'images ou d'un autre. Voilà qui a été parfaitement vu, et qui est parfaitement entendu; ce qui vient encore bien à l'appui de la formule du docteur Cerise.

Le somnambulisme provoqué ou artificiel n'offre-t-il pas des phénomènes d'un ordre plus extraordinaire? On en a cherché, mais de ceux qu'on a pu authentiquement constater (et nous ne parlons naturellement que de ceux-là), il n'en est pas un, croyons-nous, qu'on ne puisse ramener aux précédents. Quelques exemples permettront d'en juger.

Un magnétisé — ou simplement un malade dont on a pu hâter la crise somnambulique — n'a-t-il pas, dira-t-on, une sensation souvent très-délicate de ses organes internes, de leurs fonctions, de leurs maladies, on est allé jusqu'à dire de leurs besoins et de leurs secrètes appétences? Oui, des médecins, des savants sérieux l'ont admis. Ils avouent l'avoir vu et constaté. On a appelé cela l'instinct des remèdes. Mais n'oublions pas qu'outre nos cinq sens extérieurs il y a un sens vital qui, dans l'état ordinaire, nous avertit tant bien que mal de la façon dont s'accomplissent en nous les fonctions de la vie. Ce sens est plus ou moins distinct de celui que beaucoup de physiologistes appellent sens musculaire et qu'ils disent être prodigieusement exalté dans le somnambulisme. La seconde expression s'applique d'une manière plus particulière à la sensation de l'effort, ou, si l'on veut, de la coopération des muscles dans l'effort, et à la sensation de la résistance : la première s'applique généralement à toutes les sensations auxquelles peut donner lieu le mouvement d'un organe interne quelconque. Quoi qu'il en soit, le sens vital ne peut-il être aussi bien surexcité que l'ouïe ou l'odorat? Dans nombre de cas, il est avéré que l'individu lit et écrit malgré l'obscurité, quelquefois même lit d'autant mieux que l'obscurité est plus profonde. Il n'est pas plus inconcevable que l'estomac, dont nous sentons grossièrement la place et les mouvements dans les digestions difficiles, doive à une crise somnambulique une sensibilité plus fine ou plus intense. Si le siége de ce sens est répandu dans tous les organes intérieurs sans exception, ce sens ne peut-il être, pour ainsi dire, multiplié autant que surexcité? En d'autres termes, la sensibilité du malade ne peut-elle être aussi bien avivée dans le foie que dans les intestins, dans la vessie que dans l'estomac, dans le cœur que dans les poumons? Et ainsi, le sujet ne peut-il être beaucoup plus à même que dans l'état normal de sentir s'il a tel organe plus menacé, et si, par exemple, il souffre plus dans les grosses bronches que dans les petites, et ainsi du reste?

D'ailleurs à l'appui de ce raisonnement il y a des faits. « Il est des malades et particulièrement chez les femmes, dit Cabanis, qui suivent des personnes à la trace comme un chien et reconnaissent à l'odorat les objets dont ces personnes se sont servies ou qu'elles ont seulement touchés. *J'en ai vu* dont le goût avait acquis une finesse particulière et qui désiraient ou savaient choisir les aliments et même les remèdes qui paraissaient leur être véritablement utiles, avec une sagacité qu'on n'observe d'ordinaire que chez les animaux. On en voit qui sont en état d'apercevoir en elles-mêmes dans le temps de leur paroxysme certaines crises qui se préparent et dont la terminaison prouve, bientôt après, la justesse de leur sensation, ou d'autres modifications organiques attestées par celles du pouls ou par des signes encore plus certains. Les charlatans ont dans tous les temps tiré grand parti de ces femmes hystériques et vaporeuses, qui, d'ailleurs, pour la plupart, ne demandent pas mieux que d'attirer l'attention et de s'associer à l'établissement de quelque nouvelle imposture [1]. »

Or, c'est par des sensations tout à fait analogues que certaines maladies s'annoncent quelquefois à l'avance dans des rêves qu'on est tenté de croire prophétiques, qui le sont en effet, mais naturellement.

---

1. Cabanis, *Rapports du physique et du moral*, édit. L. Peisse, p. 529.

Ainsi Galien cite un malade qui songea qu'il avait une jambe de pierre : quelque temps après, cette même jambe était frappée de paralysie. Ce malade avait tout simplement senti les premières atteintes du mal ; il avait donc imaginé, rêvé le mal lui-même : l'imagination n'avait fait que développer la sensation perçue. Les médecins modernes donnent aussi d'assez nombreux exemples de faits semblables. Un homme que menace une maladie de cœur rêve plusieurs nuits de suite qu'on lui laboure le cœur avec un poignard. Arnauld de Villeneuve songe qu'il est mordu par un chien à la jambe, et un ulcère cancéreux s'y développe aussitôt. Conrad Gesner croit en rêve être mordu au sein gauche, d'où il conclut qu'il doit y avoir en cet endroit une lésion naissante, et en effet, peu de jours après, s'y déclare un anthrax auquel ne tarde pas à succomber le célèbre naturaliste[1]. M. Teste, ancien ministre de la justice sous Louis-Philippe, rêva qu'il avait une attaque de goutte, et, trois jours après son rêve, il succombait en effet à cette affection[2].

Il est aisé de voir que dans ces différents cas l'image qui devient le centre de tout un rêve est elle-même en relation très-étroite avec une sensation parfaitement réelle : ou pour mieux dire, le rêve n'est que cette sensation même prolongée et travaillée par l'imagination du sujet. Il n'y a là ni intuition directe de l'esprit, ni libre invention, ni découverte due à quelque faculté nouvelle et supérieure. Rappelons-nous maintenant que le somnambule est un malade

1. V. Alfr. Maury, *De la magie et de l'astrologie*, p. 230.
2. Dr Macario.

capable de parler et de raconter ce qu'il éprouve, tout en dormant, et nous aurons l'explication de cet *instinct des remedes* qu'on trouve, non pas toujours, remarquons-le bien, mais quelquefois, chez un certain nombre de somnambules.

Ce soi-disant instinct va-t-il jusqu'à permettre au malade de prédire la guérison de son mal ? Al. Bertrand l'a timidement avancé. Mais d'après les exemples mêmes qu'il allègue, cette faculté consiste simplement à sentir et, par suite, à imaginer le ralentissement de la douleur comme en avait été sentie et imaginée la première invasion. Au dire du même observateur, là s'arrête la science des somnambules. Très-souvent, dit-il, ils annoncent leur propre guérison quand ils sont simplement à la veille d'une suspension plus ou moins longue de leur mal. Ce dernier fait est intéressant à noter. Nous y voyons, réduite à sa véritable mesure, la portée déjà considérable des troubles et de l'exaltation des facultés du somnambule. Nous y trouvons aussi de quoi nous expliquer comment cette exaltation partielle peut être exploitée par un charlatan. La suite de notre analyse va nous donner sur ce point de nouvelles lumières.

Ce même observateur, très-savant (bien qu'un peu crédule çà et là), nous donne encore comme un caractère particulier du magnétisme ce qu'il appelle l'inertie morale. Le mot est très-bien choisi. Les corps sont dits inertes, non pas parce qu'ils sont naturellement dans l'immobilité — ils sont au contraire toujours en mouvement — mais parce qu'ils ne peuvent pas d'eux-mêmes commencer ou arrêter un mouvement ni varier la direction de leur mouvement. C'est en ce sens qu'on peut dire que le somnambule est frappé d'inertie morale. Il n'est pas maître de lui-même ; il ne peut penser à ce qu'il veut, ni faire ce qu'il veut, ni parler de ce qu'il veut. Mieux encore, il n'a aucune volonté, bien qu'il se meuve et agisse ; il est toujours prêt à céder instantanément à toutes les *suggestions;* ce mot est consacré pour désigner l'action que l'on exerce sur les sens et sur l'activité du somnambule. Il suffit le plus souvent qu'on lui suggère l'idée de faire une chose pour qu'il l'exécute tout aussitôt, comme il suffit qu'on lui suggère l'idée qu'il éprouve telle ou telle sensation pour qu'il montre d'une manière très-significative qu'il l'éprouve en réalité.

Mais les actions du somnambulisme naturel se déroulent, elles aussi, comme un mécanisme tout monté : le rêve qui a déterminé le malade à parler ou à marcher, qui lui a ouvert ou fermé tels ou tels de ses sens, lui a par avance dicté ses discours, tracé sa route, donné le modèle de son travail. En un mot, c'est l'image qui est maîtresse, mais une image aveuglément élaborée par des organes malades, soustraits, dans tous les cas, à l'action libre et rationnelle de la personne.

Dans le somnambulisme artificiel, il y a cependant au début un fait de plus qui, sans rien introduire de merveilleux, exerce une influence considérable sur la succession des phénomènes. L'image est suggérée, et celui qui a pu la suggérer tient avec elle dans sa main la suite entière de la crise. Au moment où le sujet voit cette crise l'envahir, il s'abandonne, il se sent sous la domination d'une autre personne, il se sent être le patient de quelqu'un. Ajoutons que chez les somnambules naturels les crises qui sont relativement plus rares sont déterminées par un rêve d'une nature particulière, spontanément éclos dans le cerveau de l'individu. Chez les magnétisés, chez les personnes qui, suffisamment disposées, se prêtent à tous les manéges du somnambulisme artificiel, les crises vont se répétant et finissent par devenir une habitude. Elles n'attendent plus l'influence décisive d'une préoccupation intérieure plus ou moins mûrie. Il en résulte que l'imagination du patient doit s'ouvrir plus docilement à l'influence et aux suggestions de l'opérateur qui peut ainsi lui imposer à volonté le rêve et les images qu'il lui plaît. Mais à la suite des images arrivent, grâce à l'inertie morale du sujet, les phénomènes d'insensibilité partielle, les sensations exclusives et spéciales, la possibilité de soutenir une conversation sur tout ce qui touche au rêve commencé ; voilà tout le mystère.

Le savant anglais Carpenter, analysant l'état du somnambule, donne la description suivante, que nous eussions pu tout aussi bien citer à propos du somnambulisme naturel, car en réalité elle s'applique aux deux états : « Tant que l'attention, dit-il, demeure attachée sur un objet quelconque perçu ou conçu, rien autre n'est senti ; d'où complète insensibilité à la souffrance corporelle, attendu que le somnambule n'a d'attention que pour ce qui se passe en son esprit. Mais en un instant, en dirigeant l'attention sur les organes des sens, l'anesthésie peut être remplacée par la sensibilité la plus vive. De même aussi, quand l'attention est fixée sur un certain enchaînement d'idées, tout ce qui se dit d'accord avec ces idées est entendu, tout ce qui est en désaccord passe inaperçu[1]. » Pesez toutes ces paroles, et voyez ce que peut faire d'un sujet prédisposé la suggestion qui lui impose des images capables elles-mêmes de suspendre les sens, de les faire sentir, etc., etc.

Ce fait de la suggestion a donc, on le voit, une importance considérable. Mais il n'a rien de surnaturel, ni même d'extraordinaire. Pour le faire bien comprendre, il vaut la peine de chercher quelques exemples dans des cas intermédiaires entre la santé et la maladie, entre le rêve ordinaire et le somnambulisme.

« Nous avons connu, dit Carpenter, une jeune fille qui, dans le temps qu'elle était à l'école, se mettait souvent à parler une heure ou deux après s'être endormie. Ses idées roulaient presque toujours sur les événements du jour précédent; et si on l'encourageait par des questions qui la guidassent, elle rendait un compte très-distinct, très-cohérent, révélant souvent ses propres peccadilles et exprimant un grand repentir pour les siennes, tout en paraissant hésiter à faire connaître celles des autres. Mais pour tous les sons ordinaires, elle semblait parfaitement insensible. Un bruit fort l'aurait éveillée, mais il n'était pas perçu dans l'état du sommeil parlant; et si l'interlocuteur

---

1. Cité par Littré, dans la *Physiologie* de Müller, tome II, notes.

lui adressait des questions ou observations qui n'entraient pas dans le cours de ses idées, ses paroles ne faisaient aucune impression. Toutefois avec un peu d'adresse, on pouvait la faire parler sur toute espèce de sujets : il suffisait de ménager graduellement les transitions[1]. »

Chez cette jeune fille l'état somnambulique n'était pas très-caractérisé : l'inertie morale n'était pas complète. Il fallait, on vient de le lire, une certaine habileté pour l'amener au sujet qu'on désirait. Mais on a lu partout l'exemple de cet officier qui, lui, touchait de beaucoup plus près au somnambulisme et à qui ses camarades faisaient rêver tout ce qu'ils voulaient[2]. Simulait-on un duel à ses côtés, il s'imaginait passer lui-même par toutes les phases d'un duel, et lorsqu'on tirait le coup de pistolet final, il se demandait qui était frappé, de son adversaire ou de lui. Endormi un jour sur un coffre, on lui persuada qu'il tombait à la mer, et aussitôt on le vit exécuter, tout endormi, les mouvements de la natation.

Supposons maintenant un sujet chez qui le somnambulisme naturel ait déjà développé plus ou moins sourdement ses caractères : que ne pourra faire de lui, par la suggestion, l'homme qui, à l'instant où il le plongera dans le sommeil et dans la crise, restera l'œil fixé sur lui? La dernière pensée que le malade garde de l'état de veille pour l'emporter dans son accès est celle de la confiance docile ou de la crainte non moins

---

1. *Ibid.*
2. Beattie, *Réflexions sur les songes*, § 4. Cité par Gratiolet. *Anatomie comparée du système nerveux*, etc., p. 488.

obéissante que lui inspire l'opérateur. Que si tous deux sont associés et trouvent dans cet étrange commerce leur gagne-pain, s'ils sont habitués à se comprendre mutuellement, si le sujet s'est de longue date familiarisé avec les mêmes questions toujours renouvelées, auxquelles il fait toujours les mêmes réponses, il peuvent étonner à bien peu de frais l'ignorance et la crédulité populaires. On sait en effet que les somnambules qu'on va consulter sur ses maladies ne répondent pas toutes seules. C'est celui qui les endort qui les questionne. Or, provoquer telles ou telles réponses par la manière dont on pose les questions, c'est l'A B C du charlatanisme. On dira : Mais si charlatanisme il y a, pourquoi endormir les gens? Ils répondraient plus sûrement encore, ce semble, s'ils restaient éveillés ! — Que beaucoup ne fassent que simuler le sommeil, cela est on ne peut plus vraisemblable. Mais dans beaucoup de cas le sommeil somnambulique est réel, et le charlatanisme y trouve son compte de deux manières. Premièrement, l'état somnambulique vérifié donne créance à tous les autres phénomènes qui remplissent le reste de la séance, à ceux-mêmes où interviennent l'entente, la préparation, l'artifice. En second lieu, le sujet endormi d'un tel sommeil est réellement mieux préparé à correspondre docilement, machinalement, à toutes les suggestions de l'opérateur[1].

. Tel est, en définitive, réduit à ce qu'il a de positif

---

[1]. Nous tenons d'un honorable magistrat, l'un des auditeurs les plus sympathiques de nos cours, le procès-verbal d'une interrogation ou expertise faite par lui sur une somnambule dont les pratiques avaient

et d'authentique, le somnambulisme artificiel, dit magnétisme animal, état, dit très-bien M. Brierre de Bois-

té signalées à la justice. La conviction de ce magistrat est que cette somnambule était sincère et qu'elle était réellement endormie. Voici ce procès-verbal :

« Le lundi 4 juillet 1859, je me suis rendu à 8 heures 40 minutes du matin chez les époux B..., demeurant à C. S. S, rue St.-G. J'ai prié le sieur B... de mettre sa femme dans l'état de sommeil magnétique. Cette femme est aveugle depuis deux ans, ne distingue pas les objets, et n'a qu'une perception confuse de la lumière par son œil gauche.

« Quand le sieur B... m'eut annoncé que je pouvais interroger sa femme assise dans une chaise et paraissant endormie, j'ai mis entre les mains de celle-ci un mouchoir blanc, et le dialogue suivant s'est établi. (J'étais seul avec la femme B...)

D. Pouvez-vous me dire quelle est la marque de ce mouchoir?

R. Très-facilement : mais qui vous a donné ce mouchoir?

D. Répondez à ma question. Ce mouchoir est à moi : je l'ai acheté.

R. La marque que *j'ai sous mes doigts* est bien difficile à lire. Cependant, je vois un M. Je ne puis lire la lettre qui est avant,

(*Le mouchoir est marqué J. M., en coton rouge, lettres anglaises.*)

D. Dites-moi la couleur de cette marque.

R. Oh! c'est une bien belle couleur!

D. Ne pouvez-vous me la nommer?

R. Il ne manque plus que du bleu, et ce mouchoir porterait les trois couleurs.

D. Je mets ma montre dans vos mains, vous remarquez un médail l'on attaché à cette montre. En quel métal est ce médaillon?

R. Il est en or.

(*Il est en argent oxydé.*)

D. Qu'y a-t-il dans ce médaillon?

R. Des cheveux.

D. De quelle couleur?

R. Ni tout à fait noirs ni tout à fait blonds.

(*Le médaillon renferme une petite mèche de cheveux très-blonds. Ils appartenaient à un jeune homme mort à 15 ans, en 1856. Son nom, composé de quatre lettres, est gravé à l'intérieur du médaillon.*)

D. Quel est l'âge de la personne à qui appartiennent ces cheveux?

mont, où « l'on fait cesser l'action des sens et de la volonté chez l'homme, en l'isolant complétement du

R. C'est une personne jeune. Pouvez-vous me conduire près d'elle ?
D. Non.
R. C est qu'elle n'est plus....
D. Vous avez deviné juste. Pouvez-vous lire les lettres écrites à l'intérieur de ce médaillon?
R. C'est bien difficile. Je vais essayer... Non, je ne puis pas lire.
D. Dites au moins combien il y a de lettres.
R. Il y en a deux.
D. Je viens d'ouvrir le médaillon ; examinez-le maintenant. Combien y a-t-il de lettres?
R. Juste le double de ce que je vous avais dit.
D. Dites en quel métal sont la montre, la chaîne, le médaillon et la clef.
R. La montre est en or, la chaîne et le médaillon sont d'un autre métal, la clef est en or, la chaîne et le médaillon sont en argent.

(La clef de montre et la montre sont en or; le medaillon est en argent oxydé, la chaîne est en fer noirci. Une petite tête d'ange est ciselée à l'intérieur du médaillon.)

D. Que remarquez-vous sur le médaillon?
R. C'est une figure : vous pensez qu'il est facile de reconnaître cela par le toucher. Mais je la vois réellement.
D. Que remarquez-vous d'extraordinaire sur le cadran de la montre?
R. Il y a quelque chose que je n'ai jamais vu. Il y a quatre aiguilles et non pas seulement deux comme sur ma pendule. Expliquez-moi, je vous prie, ce que cela signifie, pourquoi ces deux petites aiguilles tournant sans discontinuer dans un cercle.
D. C'est une aiguille (et non pas deux) qui, pour marquer les secondes, fait le tour d'un petit cadran dans l'espace d'une minute.
R. Voyez si l'on ne croirait pas qu'il y a deux aiguilles; je n'ai jamais vu de montres marquant les secondes.

(Il y a en effet une aiguille marquant les secondes sur un petit cadran.)

D. Pourriez-vous me dire si je porte sur le corps une plaie récente et à quel endroit?
R. Oui. Vous avez à la jambe une plaie, ou plutôt ce n'est pas une plaie, puisqu'elle est fermée.
D. A quelle jambe?
R. C est à la gauche.
D. A quel endroit précis ?

EXTASE.

monde extérieur et en le concentrant sur lui-même tandis qu'il reste soumis à l'influence de l'expérimentateur. »

Entre un somnambule et un extatique la différence

R. Laissez-moi toucher votre jambe (en portant la main à la cheville du pied gauche et pas plus haut); la plaie est au-dessus du genou, ne passe pas le genou.

D. N'en voyez-vous pas encore une autre moins importante ?

R. Non : vous n'en avez pas d'autre.

D. Pouvez-vous dire combien de temps cette plaie a duré, combien de jours à peu près?

> (*Je porte au mollet gauche une large cicatrice, suite d'une plaie fermée depuis huit jours environ, qui est restée ouverte deux mois et qui avait été causée par un furoncle ou anthrax à la cuisse gauche; il existe une petite plaie plus récente et de même origine.*)

R. Elle a duré bien longtemps : ce n'est pas par jours qu'il faut compter.

D. Dites combien de temps.

R. Trois ans... Ce n'est pas aussi longtemps? Eh bien! au moins dix-huit mois. Je puis dire aussi que ce mal vous est venu à la suite d'une chute.

D. Je vous remets des cheveux enveloppés dans un papier. Examinez-les.

R. Ils ne sont pas blonds comme ceux que vous m'avez montrés déjà ; ils sont d'un brun très-foncé. Que voulez-vous en faire ? Portez-les à R... mon voisin : il travaille très-bien les souvenirs en cheveux.

D. Dites-moi de qui sont ces cheveux.

> (*Visiblement fatigué, le sujet hésite longtemps sans répondre.*)

D. Appartiennent-ils à un homme ou à une femme?

R. A une femme.

D. Vous vous trompez.

R. Oui, je me trompais. Je pensais que vous destiniez ces cheveux à être portés par une femme : voilà ce que je voulais dire.

D. Dites-moi si j'aime beaucoup la personne à qui sont ces cheveux.

R. Vous l'aimez tant que l'on ne peut pas aimer davantage.

D. Savez-vous ce qu'est pour moi cette personne ?

R. (Avec un peu d'impatience). Je vous ai dit comme vous l'aimez.

n'est pas très-grande ; et un même malade peut passer avec beaucoup de promptitude de l'un à l'autre de ces états[1]. Dans l'extase pourtant les facultés locomotri-

C'est d'affection de famille, cela se comprend, c'est le lien du sang ; je ne puis dire autre chose.

(*Les cheveux remis à la femme B... sont d'un brun très-foncé ; ils ont été coupés à mon fils unique par sa mère qui veut s'en faire un bracelet.*)

D. Vous connaissez les petites cicatrices que laissent des piqûres de sangsues. Pourriez-vous me dire sur quelle partie du corps j'en porte de très-visibles ?

(*Comme elle hésite longtemps, je lui prends la main et me l'appuie à deux reprises sur la clavicule et la partie supérieure du sternum, pas plus bas.*)

R. Vous avez des piqûres de sangsue au creux de l'estomac. Vous me forcez à faire des expériences bien pénibles à travers tant de butin.

(*Ce signe existe au creux de mon estomac depuis bien longtemps.*)

— Cet interrogatoire avait duré plus de quarante minutes. J'ai envoyé chercher le sieur B... qui a réveillé sa femme. Pendant le cours de l'expérience, j'ai demandé à cette femme si elle entendait des oiseaux qui chantaient très-fort dans leur cage et la pendule qui a sonné. Elle a déclaré ne pas entendre ces deux bruits. »

Le lecteur aura fait aisément les remarques suivantes : : 1° La *lucidité* de cette somnambule consistait simplement en ce qu'elle pouvait entendre les questions et y répondre, et en ce que ses sens n'étaient pas tous fermés. 2° Elle ne voyait pas du tout ; elle entendait la parole de son interrogateur, mais avait l'ouïe fermée à tout autre bruit. 3° Son toucher avait, par compensation, acquis un certain surcroît de délicatesse, et c'est avec son toucher qu'elle lisait. Si une fois elle déclare voir avec sa vue, c'est bien évidemment d'une vue interne et en quelque sorte hallucinatoire ; l'image que le tact lui a donnée se transforme en une image visuelle correspondante. 4° Elle hésite, elle tâtonne, elle cherche le vraisemblable, le rencontre quelquefois et se trompe aussi quelquefois. Interrogée par un *compère*, elle eût certainement plus brillé.

1. Quelquefois l'extase est une sorte de somnambulisme arrêté dans son développement par quelque condition physiologique peu connue. Les passes dites magnétiques peuvent la produire chez une personne suffisamment prédisposée.

ces ne sont pas exaltées ; toute la vie se résume en un seul acte : vision, contemplation. Les sensations extérieures sont suspendues, les mouvements volontaires arrêtés, l'action vitale elle-même souvent ralentie. Où donc alors est l'esprit ? Il est, comme l'expression l'indique (ἐκ-στασίς), hors de lui-même, il est *ravi* (raptus, enlevé) dans les images qu'il contemple[1], comme s'il s'agissait d'un tableau réel et de choses placées hors de lui. Ici donc, non-seulement l'imagination domine, mais il semble qu'elle soit seule de toutes les facultés psychiques et même physiques à subsister dans l'individu. « Dans l'extase, dit Esquirol, la concentration de l'innervation est si forte, qu'elle absorbe toutes les puissances de la vie. L'exercice de toutes les fonctions est suspendu, excepté celui de l'imagination[2]. »

Il est donc tout à fait dans notre sujet de rechercher comment se produit un tel état. On pourrait à la rigueur lui assigner deux origines, l'une plus physique, l'autre plus intellectuelle ; mais peut-être est-il plus juste de dire qu'il y a dans la préparation de l'extase coopération intime du corps et de l'esprit.

Les exemples de cette névrose, on le sait, surabondent chez un grand nombre de peuplades sauvages et dans les nations fanatiques de l'Inde mahométane ou bouddhiste. Or, partout c'est par les mêmes procédés

---

1. L'*extase*, ravissement de l'esprit, situation dans laquelle un homme est transporté hors de lui-même, de manière que les fonctions des sens sont suspendues. Il est des personnes chez qui c'est une maladie naturelle : les femmes y sont plus sujettes que les hommes. (Bergier, *Dictionnaire de théologie*.)

2. Esquirol. Tome Ier, p. 96.

qu'on la provoque : danses tourbillonnantes, son prolongé du tambourin, cris et chants monotones ; ajoutez-y quelques substances soi-disant magiques, mais qui sont simplement des narcotiques, comme le venin du crapaud[1]. Ce sont là autant de causes qui fatiguent la sensibilité, sans lui permettre toutefois le bon sommeil ordinaire, et qui surtout par la répétition ou la prolongation d'une même sensation simple, homogène, continue, ferment peu à peu les sens à tous les phénomènes du dehors et chassent de l'esprit toutes les pensées qui l'occupaient. De là résultent bientôt l'insensibilité du corps entier à la douleur physique, une sorte de rigidité cadavérique des muscles et la possession de l'esprit par une image unique, exclusive et intense.

Il paraît encore que l'immobilité absolue avec le regard fixé sur un même point produit les mêmes résultats. Fleury, dans son *Histoire ecclésiastique*[2], rapporte les préceptes suivants d'un certain moine du moyen âge, appelé Siméon : « Étant seul dans ta cellule, ferme ta porte et t'assieds en un coin. Élève ton esprit au-dessus de toutes les choses vaines et passagères ; ensuite appuie ta barbe sur ta poitrine. Tourne les yeux avec toute ta pensée au milieu de ton ventre, c'est-à-dire au nombril. Retiens encore ta respiration, même par le nez. Cherche dans tes entrailles la place du cœur où habitent pour l'ordinaire toutes les puis-

---

1. Et beaucoup d'autres drogues dont les formules compliquées se retrouvent dans une foule d'écrits du moyen âge, comme dans les traditions des peuplades sauvages.
2. L. XCV, ch. IX.

L'EXTASE
(Sainte Thérèse)

sances de l'âme. D'abord tu y trouveras des ténèbres épaisses et difficiles à dissiper, mais si tu persévères dans cette pratique nuit et jour, tu trouveras, merveille surprenante, une joie sans interruption. Car sitôt que l'esprit a trouvé la place du cœur, il voit ce qu'il n'a jamais vu. Il voit l'air qui est dans le cœur et se voit lui-même lumineux et plein de discernement. » Tel était, paraît-il, le procédé des moines du mont Athos, qu'on a appelés du nom caractéristique d'omphalo-psychiques. Ce procédé, nous ne le recommandons pas à tout le monde. Il est évident, que si vous ou moi, qui vivons au dix-neuvième siècle, qui avons l'esprit occupé du matin au soir de choses positives, nous voulions, par curiosité ou pour tout autre motif, essayer d'entrer de cette façon dans la région de l'extase, nous ne serions pas longtemps avant de nous endormir tout simplement ; ou bien nous trouverions notre attitude si singulière qu'involontairement nous partirions d'un éclat de rire qui dissiperait toute la magie. Mais les personnages dont nous parlons sont, dans leur vie quotidienne elle-même, des contemplateurs. Quelque chose les soutient puissamment dans les différentes phases préliminaires, c'est une idée fixe depuis longtemps implantée dans leur esprit, et l'attente d'un plaisir qui doit les relever bien au-dessus de leur condition terrestre. A la contemplation fixe et prolongée d'un seul et même objet vient ainsi s'ajouter la contemplation fixe et prolongée d'une seule et même idée. Le plus souvent, ces deux circonstances sont réunies, mais elles concourent inégalement à la production du phénomène. Les extatiques peuvent donc nous apparaître comme des fanatiques et des malades ou comme des héros et des saints, suivant que c'est la première ou la seconde de ces deux causes qui prédomine, suivant aussi que la seconde, c'est-à-dire l'idée, a ou n'a pas en elle-même de quoi charmer et émouvoir le cœur, tout en respectant les exigences de la raison.

Quoi qu'il en soit, l'extase constitue évidemment un trouble marqué du système nerveux. Aussi beaucoup d'aliénistes voient-ils en elle une phase de la catalepsie. Dans cette dernière névrose, qui n'implique en quoi que ce soit d'ailleurs des habitudes contemplatives ou un tour d'idées mystique, les relations avec le monde extérieur sont la plupart du temps suspendues; mais ce n'est pas là le fait le plus remarquable. Le symptôme le plus caractéristique de la catalepsie[1] est une perturbation du mouvement musculaire qui consiste : 1° en ce que les membres peuvent prendre involontairement une attitude contraire aux lois de la pesanteur ; 2° en ce que le malade persiste passivement, comme un corps inerte, dans l'attitude qu'on lui a une fois imposée. Qu'on lui donne une pose quelconque, il s'y plie et reste tel, tant que dure la crise. Le couche-t-on, il demeure dans l'attitude horizontale. Le lève-t-on, il reste debout, et cela pendant des heures entières.

Il est rare que l'extatique n'arrive pas jusqu'à cet état. Un aliéniste fort connu, M. le docteur Delasiauve,

---

1. Voyez *Ann. médico-psychol.*, année 1858, p. 226, 442. Communication du Dr Parchappe et autres.

pense que l'on peut marquer ainsi les trois degrés du même mal : extase simple, extase cataleptique ou catalepsie extatique, et enfin catalepsie. Nous savons d'autre part que le somnambulisme peut souvent présenter des accidents cataleptiques. Toutes ces maladies ont donc entre elles une indéniable analogie. « Je vois, dit le docteur Cerise, qu'il existe un certain groupe de névroses extraordinaires ayant entre elles des affinités étroites et qui se transforment avec la plus grande facilité les unes dans les autres. Ce groupe comprend : l'extase, la catalepsie, l'hallucination dite physiologique, d'intenses et tenaces viscéralgies ou myosalgies, des contractions générales ou partielles, quelques formes de la chorée, le délire hystérique, et, il faut bien le mentionner, le somnambulisme ou la névrose somniloquente. Rien n'est remarquable comme cette aptitude de transformation, non-seulement dans le cours de la maladie générale, mais dans le cours d'un accès[1]. » Le docteur Mesnet décrit aussi l'un de ses malades « chez qui se présentaient l'extase et la catalepsie, presque toujours associées l'une à l'autre, et tellement unies aux accès de somnambulisme qu'il serait impossible de les en séparer[2]. »

Mais revenons-en au fait particulier de l'extase ; l'imagination n'y arrive, on le comprend, à cette vivacité prodigieuse, que parce que les autres fonctions se résolvent et tendent à une espèce d'annihilation. Restée seule active dans un organisme frappé d'iner-

1. *Annales médico-psychologiques*, année 1858, p. 320.
2. *Ibid.*, année 1860, p. 464.

tic, mais appliquant toute son activité à entretenir une image simple et toujours la même, elle paraît douée d'une puissance surnaturelle. Mais cette action a été lentement préparée par deux ordres de causes : les unes qui ont amorti l'action des sens et désintéressé l'esprit de tout ce qui pourrait renouveler ou varier son activité ; les autres qui, en éliminant peu à peu diverses images, en ont développé une plus habituellement que toutes les autres. A la fin, par un mécanisme dont nous ne connaissons pas très-bien tous les ressorts, l'organisation s'y est prêtée ; et il arrive sans nul doute que, dans les crises, une partie des hémisphères cérébraux est momentanément paralysée, tandis que toute l'innervation s'accumule en un point donné.

En résumé, l'image n'arrive à cette vivacité, stérile d'ailleurs, de l'extase, qu'au détriment des autres fonctions de la vie intellectuelle et de la vie physique. Est-elle la marque d'un enthousiasme irrésistible, enflammé par le dévouement à une grande œuvre ? d'une foi qui, en dehors de ce qui sert directement la cause sainte, ne tient ni à la vie ni même à la pensée ? Est-elle le gage d'une ardeur qui sera d'autant plus invincible quand elle pourra se mettre, avec toutes ses forces développées, au service de la religion ou de la patrie ? Alors la maladie elle-même prend un caractère de grandeur touchante et même de sublimité. La nature physique est bouleversée, mais elle l'est par l'action irrésistible de l'esprit et au profit de l'esprit. Ainsi le Sodoma nous a peint sainte Catherine de Sienne. Hors de ces cas extraordinaires, qui se produisent de siècle en siècle, l'extase est une simple névrose : elle est voisine de l'hallucination et de la folie[1].

Si ces maladies où l'imagination joue un rôle si remarquable prennent ainsi des formes nombreuses, la science a tout intérêt à poursuivre l'étude des mêmes phénomènes qui se retrouvent dans des circonstances variées. Un cas individuel peut quelquefois ou révéler ou confirmer, par une démonstration intéressante, une loi plus ou moins bien élucidée. Or, il y a quelques années, les journaux et les revues de médecine ont analysé le cas d'un ancien soldat qu'on surnommait à l'hôpital Saint-Antoine l'*automate vivant*. Cet homme avait fait tous les métiers. Il avait été chanteur dans un café-concert, puis soldat. Il avait été blessé d'un coup de feu à la tête dans le combat de

1. Des lecteurs allégueront que l'extase a pu ou a dû être le résultat d'une action surnaturelle et d'un miracle. Ce n'est pas ici le lieu de discuter cette opinion. Mais que nulle croyance sincère ne se trouve choquée par nos analyses. Ceux qui croient à l'action de Dieu sur les choses humaines ne sont pas obligés de professer qu'elle suspend toute loi naturelle. L'apparition du *Labarum* a pu être un miracle, cela n'empêchait pas la croix lumineuse de briller d'après les lois de la physique. De même Dieu a pu agir sur ses saints par la maladie en la tournant à des fins surnaturelles et en la laissant toutefois se développer d'après des lois naturelles. Mais ceci relève de la théologie, non de la psychologie.

Il n'entre pas non plus dans notre sujet de rechercher si *tous* les « états d'oraison » pratiqués par les mystiques rentrent ou non dans ce genre d'extases où l'imagination domine. Il est certain que sainte Thérèse se défie beaucoup de l'imagination et gémit sur le grand nombre de moines et de religieuses qu'elle abuse. Quant à elle, elle se défend vivement de lui rien devoir de bon. Ses visions, celles du moins où elle croit voir de véritables bienfaits de la grâce, sont « de pures visions intellectuelles sans figure et sans forme » (V. P. Rousselot, *Les Mystiques espagnols*, p. 351). Nous n'avons point qualité pour parler des visions de cette nature.

Bazeilles. Une lésion s'en était suivie dans l'hémisphère gauche du cerveau : cette lésion elle-même avait déterminé chez le malade des phénomènes de somnambulisme qui valent la peine d'être analysés et commentés. Nous allons y retrouver la plupart des faits que nous avons cherché à expliquer dans les états, divers en apparence, mais au fond fort analogues les uns aux autres, du somnambulisme, du magnétisme, de l'extase.

Voici quelles descriptions furent données de ce curieux sujet [1] :

A peu près tous les mois, le nommé F. s'arrête subitement au milieu de son travail. Sans transition aucune, ses sens se ferment aux excitations du dehors : le monde extérieur cesse d'exister pour lui. Cependant il va et vient, se promène, mange, boit, fume, s'habille, se déshabille et se couche aux heures habituelles, comme dans son état normal.

La sensibilité générale a subi une perturbation assez profonde. Il ne voit pas, il n'entend pas, il ne sent pas. On peut le piquer ou le pincer impunément. Il mange avec gloutonnerie tout ce qui lui tombe sous la main, bon ou mauvais, avalant les mets sans les mâcher et buvant indifféremment tout ce qu'on lui présente ; vin aigre, vin de quinquina, asa fœtida, tout passe sans provoquer le moindre signe d'une impression agréable ou désagréable.

En revanche, le toucher persiste et acquiert même une assez grande subtilité. Il semble que toute la sen

---

1. Nous nous en référons particulièrement à une étude du *Journal des Débats*, août 1874.

sibilité se soit réfugiée et accumulée dans l'épiderme, ce qui arrive chez la plus grande partie des somnambules. C'est seul par ce sens que le sujet reste en communication avec le monde extérieur, par lui que lui arrivent quelques impressions qui, à leur tour, modifient la série d'images auxquelles obéit le mécanisme de son organisation.

Est-il dans son milieu habituel, F. se promène d'une allure tranquille, au point qu'une personne non prévenue ne se douterait guère de la singulière maladie de l'homme qui passe à côté d'elle.

Si on le place dans un milieu qu'il ne connaît pas, si on se plaît à lui créer des obstacles en lui barrant le passage, il heurte légèrement chaque chose, s'arrête au moindre contact, promène les mains sur l'objet, en cherche les contours et le tourne facilement.

Mais use-t-il de ses sensations avec liberté d'esprit? Sait-il les provoquer, comme nous le faisons, en interrogeant, pour ainsi dire, ses propres sens et en réfléchissant? Il ne le paraît pas ; car voici ce que dit une description fort bien faite : « Il n'offre aucune résistance aux mouvements qu'on lui imprime. Si on le pousse, il accélère son pas ; si on le dirige à gauche, il va à gauche; et si on le dirige à droite, il va à droite, comme un automate. » Voilà bien l'inertie. Mais il y a plus : c'est encore évidemment l'image qui chez lui domine la sensation, comme elle domine l'activité. En effet, qu'une impression lui parvienne par le toucher : si incomplète qu'elle soit, son imagination s'en empare, elle la fait entrer dans un rêve, c'est-à-dire qu'elle la développe et la transforme en y ajoutant des séries d'images avec lesquelles se compose toute une scène que l'activité locomotrice exécute aussitôt : « Il se promenait dans le jardin de l'hôpital, sous un massif d'arbres. On lui remit à la main sa canne qu'il avait laissée tomber. Il la palpe, promène sa main sur la poignée coudée, semble prêter l'oreille, et tout à coup s'écrie : « Les voilà ! ils sont « au moins une vingtaine. » Et alors il fait le simulacre de charger son arme... se couche dans l'herbe à plat ventre, etc. La scène se prolonge un certain temps, l'ancien sergent continuant de faire le coup de feu contre ses ennemis imaginaires. On a pu provoquer à volonté, dans les accès suivants, cette hallucination, résultat singulier d'une illusion du tact, qui, en donnant à une canne les attributs d'un fusil, a réveillé chez le malade le souvenir de sa dernière campagne. » Une autre fois, on fit naître chez F. l'idée de son ancienne profession de chanteur dans les concerts. « Le malade retourne alors à sa chambre, prend sur sa toilette son peigne, sa glace, se roule les cheveux, brosse sa barbe et procède avec soin à sa toilette. *On retourne la glace sens dessus dessous, il n'en continue pas moins à se regarder*. Puis il prend sur son lit plusieurs livraisons d'un roman périodique sans trouver ce qu'il veut. On roule une de ces livraisons en lui donnant l'apparence d'un rouleau de musique. F. la prend avec satisfaction, et s'en va d'un pas dégagé. Il arrive à la porte de l'hôpital. Parvenu là, on lui barre le passage, et on le retourne du côté d'où il venait. Il se laisse faire et entre chez lui en tâtonnant dans la loge du concierge. A ce moment, le soleil éclairait vivement un vitrage de verre qui ferme la loge. L'éclat de la lumière éveilla sans doute chez lui le souvenir de la rampe, car il rajusta sa toilette, déplia son rouleau de papier et se mit à chanter à pleine voix d'une manière fort agréable. Le morceau achevé, on lui donna un verre d'eau très-vinaigrée qu'il but sans accuser le moindre déplaisir. »

On le voit plus clairement encore dans ce dernier fait, la sensibilité du sujet n'est pas partout également atteinte. Tout à fait oblitérée sur un point, elle est intacte et même développée sur d'autres. Capable de sentir que le papier qu'on lui donne est un papier roulé, il n'est pas capable de voir que ce n'est point du papier de musique, et ainsi du reste..., ainsi pour la glace, ainsi pour le rayon de soleil. Les sensations qui lui arrivent ne sont perçues par lui que dans la mesure où son imagination y consent, et elles ne sont interprétées que de manière à concorder, bon gré mal gré, avec les images qui le remplissent et qui le mènent.

Mais la science expérimentale a réussi, il y a un peu plus d'un quart de siècle, à jeter sur ces différentes maladies un jour plus vif encore et à coup sûr inattendu. Elle a réussi à créer une sorte de névrose artificielle et passagère reproduisant la plus grande partie des symptômes que nous venons de passer en revue.

Il s'agit de ce qu'on a appelé l'hypnotisme ou (du nom du médecin anglais Braid, qui l'a plus particulièrement expérimenté) le braidisme[1]. Nous devons trouver là toute une suite de vérifications on ne peut plus intéressantes et bien faites pour donner, nous le croyons, un caractère de certitude aux explications que nous avons proposées plus haut.

« L'hypnotisme, lisons-nous dans les *Annales médico-psychologiques*[2], est un moyen particulier de provoquer un sommeil nerveux, un somnambulisme artificiel, accompagné d'anesthésie, d'hyperesthésie, de catalepsie et de quelques autres phénomènes portant sur le sens musculaire et sur l'intelligence. »

En quoi consiste ce procédé? A se placer en face du sujet, qui est assis, à tenir devant lui un objet brillant. Le patient dirige ses yeux sur l'objet : la fixité du regard et la concentration prolongée, sur un même point, d'une attention expectante, ne tardent pas à produire chez lui non-seulement de la fatigue, mais une sorte de strabisme convergent. Or, toute sensation qui est, suivant les expressions très-heureuses de M. Durand de Gros, *simple*, *homogène* et *continue*, tend invariablement à produire le sommeil : qu'elle porte sur l'ouïe, comme la musique des sauvages ou le chant d'une nourrice ; sur le sens musculaire, comme le berçage, les attouchements et les passes ; sur la vue, comme la contemplation d'un endroit unique de son propre corps (c'est le cas des moines du

---

1. Le mot *hypnotisme* de ὕπνος sommeil) a été critiqué parce que, dit le Dr Tuke, le sommeil n'est dans ce cas ni un phénomène essentiel, ni un fait de grande importance.
2. Année 1866, p. 428.

mont Athos), comme la vue des bagues éblouissantes (c'est le fait des magnétiseurs), enfin comme le procédé à peu près identique, on le voit, du médecin qui hypnotise[1]. Ici encore il est à croire qu'une certaine prédisposition est nécessaire et qu'on ne peut indifféremment hypnotiser le premier venu. Il faut un certain excès d'innervation. Ainsi, on ne peut hypnotiser les idiots, qui sont incapables de soutenir leur attention sur quoi que ce soit. Mais quel est l'état des centres nerveux pendant la durée de ce sommeil artificiel? Nous en sommes encore réduits sur ce point aux conjectures, absolument comme pour le somnambulisme. D'après quelques auteurs, la proportion du sang veineux contre le sang artériel serait modifiée, et l'égale diffusion de la force nerveuse dans toutes les parties du cerveau serait empêchée : elle serait immobilisée. Nous indiquons ces hypothèses sans nous y arrêter. Mais quant aux principaux symptômes de l'hypnotisme, on a pu les observer et les décrire avec exactitude. En les passant en revue, d'après les expérimentations les plus dignes de confiance, il semble qu'on ne fait que lire une seconde fois les descriptions déjà connues du somnambulisme tant naturel qu'artificiel.

D'abord une grande partie de la sensibilité est abolie. Le fait est si sûr que l'hypnotisme a été surtout employé comme un procédé anesthésique facilitant, non moins que l'éther ou le chloroforme, les

[1]. Un nombre incroyable de procédés magiques et de pratiques de sorcellerie n'étaient que des applications inconscientes de l'hypnotisme. Voyez Alf Maury, *De la Magie et de la Sorcellerie*, chap. IV.

opérations chirurgicales les plus laborieuses. En d'autres termes, à une personne hypnotisée on coupe un bras ou une jambe sans qu'elle le sente. Voilà qui est démonstratif.

Et toutefois, en même temps que la sensibilité à la douleur est suspendue, telle ou telle autre sensibilité peut être extrêmement surexcitée. « L'hyperesthésie hypnotique, dit le docteur Azam, porte sur tous les sens, sauf la vue, mais surtout sur le sens de la température, sur le sens musculaire dont elle démontre l'existence d'une manière irréfragable. L'ouïe atteint une telle acuité qu'une conversation peut être entendue à un étage inférieur. Les sujets même sont très-fatigués de cette sensibilité : leur visage atteste la douleur que leur fait éprouver le bruit des voitures, celui de la voix. Le bruit d'une montre est entendu à vingt-cinq pieds de distance. L'odorat acquiert la puissance de celui des animaux. Les malades se rejettent en arrière en exprimant le dégoût pour des odeurs dont personne ne s'aperçoit autour d'eux. A-t-on touché de l'éther ou fait une autopsie trois ou quatre jours auparavant, les malades ne s'y trompent pas[1], » etc., etc.

Cette sensibilité musculaire si délicate seconde, comme il est aisé de le deviner, l'exécution de certains mouvements et d'actes compliqués. L'hypnotisé peut, comme le somnambule, marcher, écrire, enfiler une aiguille les yeux fermés.

Comme le somnambulisme encore, l'hypnotisme,

---

1. *Annales médico-psychologiques*, année 1860, p. 434.

quand il est complet, ne lègue souvent aucun souvenir de lui-même à l'état normal, après la crise terminée. Mais le sujet, hypnotisé de nouveau, peut retrouver le souvenir de crises antérieures. « Chez les sujets qu'on hypnotise deux fois, dit le docteur Tuke, nous voyons survenir au réveil l'oubli complet des pensées et des actes artificiellement provoqués, tandis qu'ils en retrouvent le souvenir distinct quand ils rentrent dans l'état artificiel. M. Braid affirme avoir eu des sujets très-intelligents, qui se rappelaient, avec une exactitude minutieuse, ce qui s'était passé six années auparavant durant leur sommeil, et qui en faisaient le récit *toutes les fois qu'on les hypnotisait*, tandis qu'ils n'en avaient aucun souvenir quand ils étaient éveillés[1]. »

Enfin, le phénomène le plus caractéristique peut-être de l'hypnotisme est un phénomène que nous connaissons pour l'avoir analysé dans les névroses précédentes : c'est la suggestion. Étudier la suggestion dans l'hypnotisme, c'est étudier encore une fois le rôle singulier que joue l'image, ou plutôt qu'on lui fait jouer, d'autant plus victorieusement que l'inertie morale est plus grande. Arrêtons-nous donc ici quelques instants.

« La raison et la mémoire paraissent endormies, la volonté semble passive, et l'imagination exaltée en proportion. Et quelque absurde que puisse être alors la suggestion fournie au sujet, comme il est incapable en ce moment de rentrer en lui-même et de béné-

---

1. *Annales médico-psychologiques*, 1866, p. 201.

ficier de son expérience passée, il ne peut en reconnaître l'absurdité ; sa volonté se trouvant paralysée, il est poussé irrésistiblement à agir d'accord avec la suggestion, et il est — dans le sens général et primitif du mot — aliéné[1]. » Telle est la formule qui donne assez bien une idée sommaire du phénomène. Mais l'étude de ce fait peut être utilement décomposée.

Suggérer à quelqu'un ce qu'on nomme vulgairement une idée, soit, par exemple, qu'il a une condition autre que celle qu'il a en réalité, que tel ou tel malheur ou tel ou tel bonheur lui est inopinément survenu, rien n'est plus commun, même dans la vie normale et dans l'état de veille, à plus forte raison, nous l'avons vu, dans le sommeil physiologique. Dans l'état normal, la croyance à l'idée suggérée ne dure qu'un imperceptible moment[2] ; elle n'a pas le temps de se développer ni d'étendre son influence sur le reste de l'entendement, sur les passions, sur la volonté. Mais supprimez la résistance qu'opposent à l'idée suggérée une conscience nette de soi-même et une perception distincte des choses du dehors, vous ne tarderez pas à voir cette influence s'accentuer et se propager rapidement. C'est là ce qui se produit dans le braidisme, tout comme dans le

---

1. *Annales médico-psychologiques,* novembre 1865.
2. Ce moment n'est pas imperceptible chez les enfants de 5 à 6 ans, bien qu'il y soit, en somme, assez court. Chez les tout jeunes enfants, de 2 à 4 ans, il peut encore se prolonger. Chez les imbéciles, la suggestion est souvent irrésistible. J'ai vu divers idiots que le médecin de l'asile où on les gardait faisait passer instantanément du rire aux larmes et des larmes au rire par son seul commandement

somnambulisme artificiel ou naturel. « A. B. est prié de dire son nom : il répond raisonnablement, sans hésiter. On l'hypnotise et il tombe dans le *coma vigil*, c'est-à-dire qu'il est capable de se tenir debout, en apparence bien éveillé, mais avec un air étrange et égaré, comme dans le somnambulisme. Une fois dans cet état, il lui est fortement suggéré qu'il s'appelle Richard Cobden. Au bout de quelques instants, on lui demande son nom. Il répond sans hésiter : Richard Cobden. En êtes-vous sûr? Oui, réplique-t-il[1]. »

La même expérience tentée à diverses reprises, dit le savant auquel nous empruntons ces observations, eut toujours les mêmes résultats. Pendant l'état de veille normale, les sujets de l'expérimentation donnaient leur véritable nom aussitôt qu'on le leur demandait. Si, durant la période convenable, on leur suggérait le nom d'un roi, non-seulement ils étaient poussés à dire que c'était le leur, mais *ils sentaient et agissaient d'une manière qui témoignait de leur conviction qu'ils étaient rois.*

La suggestion peut encore agir sur l'activité locomotrice de l'individu, soit en l'excitant par la confiance qu'on lui donne, soit au contraire en l'arrêtant et en l'immobilisant, pour ainsi dire, par l'intimidation. Plus simplement encore, l'*affirmation* suffit[2]. L'hypnotisé auquel on affirme qu'il est incapable de se lever reste comme paralysé sur sa chaise. On lui affirme qu'il peut marcher, il marche.

Enfin, la suggestion agit aussi sur les sens, et ce

---

1. *Annales médico-psychologiques*, mars 1866.
2. D' Philipps Durand de Gros), *Le Braidisme.*

n'est pas là le moins étonnant de ces phénomènes. « Quant à ce qui regarde le sens de l'ouïe, on peut arriver à faire imaginer aux personnes hypnotisées qu'elles entendent jouer sur un instrument de musique un air déterminé, alors qu'en réalité il ne se produit aucun son. Le sens olfactif peut être aussi facilement induit en erreur. En voici un exemple. C. D., lorsqu'il fut hypnotisé, fut prié de sentir les doigts de l'opérateur. Il répondit qu'il ne sentait rien. Celui-ci, appliquant alors sous le nez du sujet ses doigts fermés contre le pouce, lui dit d'aspirer pour prendre une prise de tabac. La suggestion eut aussitôt son effet. Le patient aspira un moment et présenta ensuite tous les phénomènes qu'éprouverait une personne qui viendrait de prendre une poudre sternutatoire. Pour ce qui regarde le sens du goût, les hallucinations et les illusions dont il peut être frappé par suggestion sont innombrables. Dites à une personne convenablement disposée par l'hypnotisme qu'elle mange de la rhubarbe, qu'elle mâche du tabac ou quelque autre de ces substances désagréables dont quelques malades des asiles se plaignent amèrement, et l'effet suivra vos paroles. C'est ainsi qu'un certain C. H. étant hypnotisé, on plaça devant lui un verre d'eau pure qu'on l'amena à prendre pour du brandy. Il le loua comme excellent — cette eau avait bien pour lui le goût du brandy — et il en demanda d'autre tout en buvant avec avidité. Dans un second cas, J. K., étant dans le même état anormal, fut invité à boire un peu d'eau fraîche, et tandis qu'il obéissait, l'opérateur en but un peu lui-même qu'il cracha aussitôt en émettant une expression de dégoût et d'horreur. Immédiatement, cet acte suggéra fortement au sujet que l'eau était mauvaise et même empoisonnée, si bien que, dans cette persuasion, il la rejeta avec horreur[1].

Enfin, d'une manière générale, l'hypnotisme met bien remarquablement en lumière quelle est sur toutes les facultés de l'individu la puissance de l'image suggérée et acceptée. Non-seulement l'esprit, mais les sens et le corps tout entier du patient se conforment, par leurs sensations comme par leurs actes, à l'idée que leur imagination leur donne d'eux-mêmes et de leur état. Ainsi une personne à qui on a relevé le bras en lui disant qu'on lui fait supporter un fardeau se persuadera qu'elle a le bras réellement chargé d'un poids très-lourd et elle éprouvera une fatigue visible.

Il peut rester beaucoup à faire pour marquer les conditions physiologiques dans lesquelles se développent ces névroses et pour bien établir le caractère du trouble organique ou fonctionnel sous la dépendance duquel elles se trouvent, mais ce qui est acquis, c'est la similitude des symptômes, c'est l'analogie profonde qui se manifeste entre ces états.

Et en effet, il nous est aisé maintenant de ramener à l'unité les états extraordinaires dont nous venons d'esquisser les caractères principaux. Cet état d'inertie morale et d'impressionnabilité que le braidisme produit pour un moment chez des intelligences saines,

---

1. *Annales médico-psychologiques,* novembre 1865 et mars 1866.

il est chronique chez les sujets du somnambulisme ou artificiel ou naturel, de l'extase et de la catalepsie. Un savant consciencieux, que nous avons déjà cité plusieurs fois, Al. Bertrand, s'est laissé aller en unendroit à parler du pouvoir du somnambule et de l'extatique sur leur organisation. C'est là une expression absolument fausse et tout à fait contradictoire à celle d'inertie morale, si heureusement trouvée et si abondamment justifiée par le même auteur. Il est sans doute une influence, un pouvoir, si l'on veut, qui agit profondément sur les sens et sur l'organisme du malade. Mais prétendre que le malade exerce lui-même cette action, cela est insoutenable. La puissance qui agit, c'est l'image; mais ici l'image, on l'a vu, est véritablement une puissance supérieure à la volonté de l'individu, étrangère à lui, extérieure à lui, pour ainsi dire, qu'elle soit suggérée et imposée par un autre homme ou qu'elle soit enfantée par les mouvements aveugles du cerveau et déterminée par des associations toutes fatales dont la mémoire ne peut même pas conserver le souvenir.

Telle est, en résumé, la loi de tout ce groupe d'états dans lesquels on ne surexcite l'image qu'en affaiblissant, avec les autres fonctions de la vie, la volonté personnelle. L'intensité de l'image ainsi livrée à elle-même n'apporte à l'individu ni inspiration, ni force; elle ne fait qu'entretenir en lui une agitation stérile et douloureuse, incapable de se gouverner et de se connaître, incapable même de résistance et qui, pour peu qu'elle se prolonge, conduit à la folie ou à la mort.

Il est vrai, toutes les maladies que nous venons d'étudier ont ce caractère qu'elles sont intermittentes et séparées brusquement du reste de la vie par un oubli profond. Cet oubli bienfaisant et protecteur aide l'individu à retrouver, une fois la crise terminée, l'intégrité de sa raison, ou à en continuer tout au moins l'exercice normal et régulier. Le somnambulisme et l'hypnotisme suspendent, nous l'avons montré, les fonctions de la vie intellectuelle. Cette suspension même, si extraordinaire et si merveilleuse, contribue donc à sauver les esprits atteints. Car supposez que des causes intérieures, durables et prolongées, imposent à l'intelligence ébranlée des imaginations qui se renouvellent nuit et jour, vous trouverez alors quelque chose de pire que les suggestions, vous aurez l'irrésistibilité des impulsions les plus atroces ; vous aurez enfin tous les phénomènes de l'hallucination et de la folie que nous allons maintenant étudier.

IV

*L'image renversant l'ordre des facultés intellectuelles, sans les suspendre.
L'hallucination. — L'idée fixe, etc.*

On a vu au commencement de ce volume en quoi consiste l'hallucination. C'est une image qui ne correspond pas comme la sensation à un objet présent, mais qui a cependant la vivacité, la netteté, par suite l'extériorité apparente d'une sensation réelle. Ce que veut dire ce dernier mot d'extériorité, chacun le comprend. Dans une sensation proprement dite, nous constatons sûrement que l'homme que nous voyons est bien là, hors de nous, qu'il constitue vraiment un objet *extérieur* à nous. Quand nous pensons, dans notre état ordinaire et en santé, à une personne absente, nous constatons, non moins sûrement, que l'image que nous nous formons de cette personne est tout *intérieure*. C'est la même différence qui existe entre la représentation d'un air de musique que nous chantons intérieurement et l'audition d'un morceau que des violons ou un piano exécutent à quelque distance de nous. Dans l'hallucination, la représentation intérieure qui, en fait, existe seule, est tellement forte, qu'elle ressemble de tout point aux sensations normales, à celles qui sont provoquées par quelque chose de réel, d'extérieur à nous.

Quand nous ne faisons que nous représenter à volonté des personnes ou des choses, nos sens, faiblement occupés par des images sur lesquelles nous conservons notre action, restent parfaitement accessibles aux impressions du dehors. Nous pouvons donc faire la comparaison : nous pouvons constater comment la sensation qui s'impose à nous et dont nous ne pouvons ni supprimer l'existence, ni changer la nature, ni altérer les rapports, répond sûrement à quelque chose d'étranger et d'extérieur, tandis que l'image dont nous avons eu l'initiative, que nous pouvons chasser de notre esprit, que nous pouvons enfin supposer autre qu'elle n'est, est bien un phénomène qui relève uniquement de causes intérieures à nous pour ainsi dire. Si donc, par suite de certaines circonstances dont nous aurons bientôt à parler, l'image devient tellement forte qu'elle s'impose irrésistiblement, et que ni notre esprit ne peut se porter sur un autre objet, ni notre sens même s'ouvrir à des impressions différentes, alors notre état sensoriel est exactement le même que quand il est affecté par un objet extérieur. En résumé, l'hallucination est une image, agrandie et exagérée, mais une image. Elle suppose évidemment une modification cérébrale analogue, quoique plus forte, à celle qui, dans l'état normal, accompagne l'action de l'imagination. Mais comme l'imagination ordinaire ne fait elle-même que reproduire plus faiblement la modification cérébrale que provoquent les impressions sensorielles, on voit comment l'image hallucinatoire ramène tout naturellement une modification cérébrale semblable à celle de la sensation proprement dite.

On a souvent agité la question de savoir quel était dans le phénomène de l'hallucination la part des sens et de l'organe et la part de l'esprit. On s'est demandé si l'esprit n'était pas là autant et même plus malade que le corps. Que l'hallucination entraîne souvent la folie, cela est incontestable ; mais la folie est alors un fait distinct, bien qu'habituellement associé, nous aurons à le démontrer plus tard. Ce sur quoi l'on hésite le plus dans la discussion dont nous parlons, c'est sur la nature même de l'hallucination.

Or, l'esprit n'est pas nécessairement troublé et dérangé par le seul fait que les sens sont hallucinés. D'abord, il est possible (on en a des exemples) que l'esprit, malgré toute la vivacité et l'extériorité apparente de l'image, lutte contre les apparences et trouve dans la comparaison raisonnée des circonstances des motifs de croire qu'il est le jouet de ses propres sens. Mais on doit dire encore plus. L'hallucination peut entraîner l'erreur du jugement sans qu'il y ait autre chose qu'une simple erreur comme celles que nous commettons tous les jours et qui ne supposent ni n'amènent aucun trouble dans l'intelligence. Il est de la nature de l'esprit de motiver les sensations dont son organisme est affecté ; or, il perçoit réellement une impression sensorielle. Ce sens auquel il est uni est positivement modifié. Il agit donc conformément à sa loi quand, n'ayant d'ailleurs aucune raison grave de douter, il attribue à un objet extérieur cette représentation si parfaitement semblable à ses sensations accoutumées. En un mot, le fait de l'hallucination n'implique à lui seul aucune anomalie psychique, aucun désordre de l'intelligence[1]. Il est seulement vrai, nous le verrons, que l'hallucination est le plus souvent précédée ou suivie de graves désordres intellectuels.

Voilà ce que disent bon nombre d'aliénistes[2] pour démontrer que l'hallucination est en elle-même un fait purement physiologique.

Sans contredire cette assertion, il est permis de la compléter. C'est ce que l'on fait en décrivant les

---

1. Elle peut même se renouveler sans produire aucune folie, mais à la faveur de certaines causes qui sont, ce nous semble, les suivantes : 1° une force d'esprit peu commune ; 2° un enthousiasme qui, tout en fatiguant l'organisme, reste lui-même sensé, droit et honnête, parce qu'il est tout enflammé par l'amour d'une pure et noble cause ; 3° un ensemble de croyances qui sont raisonnées et raisonnables (bien qu'on puisse en discuter l'objectivité), de telle sorte que la foi dans la réalité de certaines apparitions, par exemple, trouve aisément sa place et dans la raison commune de l'époque et dans l'ensemble des idées de l'individu, sans déranger ni l'harmonie de ses convictions ni l'équilibre de son entendement. Ainsi seront (nous ne voulons pas discuter ici sur les saints) Socrate, Jeanne d'Arc, Pascal. Et de Jeanne d'Arc en particulier, l'aliéniste le plus déterminé à étendre le domaine de la *Théomanie* devra dire : « cet état singulier de l'appareil nerveux agissait en enflammant son ardeur guerrière, en communiquant à son commandement un air de puissance presque inouï, en entretenant une sorte d'illumination de tout l'entendement, plutôt qu'en faussant les combinaisons de son esprit et la rectitude de son jugement » (Calmeil, *De la Folie, considérée au point de vue pathologique, philosophique, historique et judiciaire*, etc., t. I, p. 128). Comparez ce que nous avons dit plus haut de l'extase, p. 70, 71.

2. Entre autres le Dr Parchappe, le Dr Despine

principales conditions de l'hallucination, conditions qui sont en partie physiologiques, en partie psychologiques.

Plusieurs médecins pensent que, chez quelques sujets, l'hallucination peut être le résultat d'une tension volontaire, énergique et soutenue de l'esprit. Parmi eux, l'un des plus distingués, trop tôt ravi, hélas ! par les atteintes mêmes du mal à l'étude duquel il voulait consacrer sa vie, le docteur Marcé, croit que dans certains cas, exceptionnels, il est vrai, « l'attention et la volonté ont exercé une influence positive sur l'apparition des hallucinations. » Mais les exemples qu'il apporte[1] ne sont guère faits pour confirmer sa théorie. Que nous cite-t-il en effet comme s'étant hallucinés à volonté ? « un monomaniaque de M. Michéa….. », « un malade de M. Moreau de Tours….. », « un malade cité par Abercrombie….. » D'autres écrivains allèguent de même « un jeune épileptique » qui, s'amusant à concevoir un objet bizarre, « voyait immédiatement cet objet se traduire fidèlement à ses yeux. » On en conviendra, voilà des personnages singulièrement choisis pour prouver l'influence de la volonté personnelle et de l'énergie d'une libre attention. Dans une organisation prédisposée par un mal chronique ou latent, la seule représentation, la seule idée du trouble cérébral devient une excitation malheureusement trop suffisante pour produire ce trouble en réalité. Si le malade se figure alors qu'il commande à son organisme et le tient en son pouvoir, il se trompe. Il lui

---

[1]. Marcé, *Traité des maladies mentales.*

est bien plus aisé de provoquer l'hallucination que de l'empêcher. Cela n'est-il pas caractéristique? Et cette facilité ne marque-t-elle pas beaucoup plutôt la faiblesse du sujet et son asservissement à un mécanisme toujours trop prêt à fonctionner? C'est comme si un peureux se vantait de pouvoir se donner la colique à volonté, rien qu'en se représentant un danger quelconque.

En somme, ce qui est conforme à l'expérience des asiles et aux témoignages de tous les aliénistes, c'est que le développement des hallucinations reconnaît les trois conditions suivantes (ces conditions d'ailleurs se tiennent et se déterminent l'une l'autre, comme on peut s'en rendre compte aisément).

D'abord, il faut que les appareils sensoriaux internes soient excités. Comment? Ceci n'est pas de notre compétence, et nous croyons que les physiologistes n'ont encore bien élucidé ni la nature de cette excitation, ni le point précis où elle porte, ni le mécanisme qui la produit. Mais alors, objectera-t-on, peut-on affirmer qu'elle existe? On le peut, à coup sûr, parce que le fait d'une perturbation cérébrale chez les hallucinés est attesté par des symptômes positifs nombreux, et aussi parce qu'on provoque des hallucinations à volonté, nous en verrons tout à l'heure des exemples, par l'ingestion et l'absorption de substances vénéneuses dont l'action sur les centres nerveux est indubitable. Enfin, nous avons vu que les hallucinations de la vue peuvent se produire chez des sujets dont les nerfs optiques n'existent plus. C'est donc bien une modification interne, centrale, qui constitue le phénomène ; et ceci est tout à fait d'accord avec les théories les mieux accréditées sur l'action et le rôle des nerfs, simples conducteurs d'impressions, simples intermédiaires entre les agents extérieurs et les centres cérébraux.

En second lieu, si l'état des centres cérébraux d'un individu le prédispose à l'hallucination, rien ne facilite plus cette tendance que la suspension ou l'affaiblissement des impressions extérieures. Il est connu que le passage insensible de la veille au sommeil favorise la production de troubles sensoriaux. M. Alfr. Maury a fort habilement décrit, après les avoir étudiées sur lui-même, ces hallucinations qu'il appelle *hypnagogiques*, c'est-à-dire propres au temps qui amène le sommeil. La fatigue de l'esprit, après une contention prolongée, et surtout à la fin d'une veille laborieuse, est encore une circonstance favorable. Ce n'est pas que l'effort de l'esprit réalise directement une image souhaitée et évoquée — nous avons montré le peu de fondement de cette opinion — c'est au contraire l'épuisement amené par une dépense excessive d'activité qui abandonne et l'organe et l'automatisme de la fonction à des influences étrangères. Quand on est seul à travailler dans une nuit d'hiver, à la faveur d'une lampe dont la lumière rabattue sur le papier où l'on écrit laisse dans l'obscurité le reste de la salle, on se lance, pour ainsi dire, à la poursuite de ses idées, on oublie le temps et le lieu, on est tout à son sujet : la tête s'échauffe, les images abondent, elles se colorent : les abstractions mêmes sur lesquelles on travaille semblent prendre corps, elles s'opposent les unes aux autres comme un drame vivant et animé. Puis on arrive au bout d'une série, la démonstration est faite ou la peinture terminée : l'esprit s'arrête, la tête se lève, les sens cherchent, ils ne trouvent que la solitude, les ténèbres et le silence. De là une sorte d'étonnement et de secousse ; les centres cérébraux ne peuvent ni recommencer le travail de tout à l'heure, ni se familiariser instantanément avec le vide et s'arrêter dans le repos. Il n'est pas étonnant qu'ils enfantent spontanément quelques images. C'est le moment par excellence des visions, des terreurs subites.

Telle est, à n'en pas douter, l'hallucination célèbre de Brutus, telle que Plutarque la raconte. Plutarque, on le sait, croit naïvement aux prodiges et son récit n'en est que plus précieux.

« Comme ilz se préparayent, dit-il, pour repasser de l'Asie en Europe, on dit qu'il se présenta à luy un grand et merveilleux prodige. Il estoit homme vigilant de nature et qui dormoit bien peu, tant pour ce qu'il vivoit fort sobrement, que pour ce qu'il s'exerceoit et travailloit continuellement. Jamais il ne dormoit de jour, et la nuict ne dormoit sinon autant qu'il eust été contrainct de demourer sans rien faire, ou sans parler à personne, quand tout le monde reposoit. Mais lorsqu'il avoit la guerre et la superintendence de tous les affaires, ayant toujours l'entendement tendu à la cogitation de l'issue, et de ce qui en devoit advenir, depuis qu'il avoit seulement un peu sommeillé après soupper, il employoit tout le reste de la nuict à despescher ses plus pressants affaires, et après les avoir expédiez, et y avoir donné provision, s'il luy restoit du temps, il se mettoit à lire quelque livre jusques au troisième guet de la nuict, à laquelle heure les capitaines, centeniers et chefs de bandes avoyent accoustumé de s'en venir vers luy. Sur le poinct doncques qu'il devoit passer en Europe, une nuict bien tard, tout le monde estant endormy dedans son camp en grand silence, ainsi qu'il estoit en son pavillon avec un peu de lumière, pensant et discourant profondement quelque chose en son entendement, il luy fut advis qu'il ouit entrer quelqu'un, et jetant sa veuë à l'entrée de son pavillon, apperceut une merveilleuse et monstrueuse figure d'un corps estrange et horrible, lequel s'alla presenter devant luy sans dire mot : si eut bien l'asseurance de luy demander qui il estoit, et s'il estoit dieu ou homme, et quelle occasion le menoit là. Le fantasme lui respondit : « Je suis ton mauvais ange, Brutus, et tu me verras près la ville de Philippes ». Brutus, sans autrement se troubler, lui répliqua : « Eh bien, je t'y verray donc. » Le fantasme incontinent se disparut, et Brutus appella ses domestiques, qui luy dirent n'avoir ouy voix ni veu vision quelconque[1] ».

Le lendemain matin, Brutus raconte son apparition à Cassius. Celui-ci, disciple d'Épicure, lui explique que la partie imaginative de l'homme est toujours en mouvement, que c'est elle qui enfante les songes, et il ajoute : « Mais encore y a-t-il davantage maintenant en toy, c'est que le corps travaillé tient par nature l'entendement suspendu en transe et en trouble. » Il

---

1. Plutarque (traduction d'Amyot, *Vie de Marcus Brutus.*

eût pu dire aussi que tout concourait à égarer les sens de son ami, l'heure, la solennité du silence et le contraste d'une faible lumière avec l'épaisseur des ténèbres environnantes.

Il va sans dire enfin que quand ces deux conditions, excitation cérébrale intérieure et suspension des impressions externes, sont réunies, il en est une troisième qui s'y ajoute généralement, c'est l'exercice involontaire de l'imagination et de la mémoire. Quand nous entretenons librement avec les choses du dehors notre commerce habituel et régulier, notre attention est suffisamment provoquée, elle s'applique aux divers côtés des objets, nous raisonnons sur eux. Si notre cerveau fonctionne sans excès d'activité comme sans paresse, nous pouvons encore, à défaut d'objets sensibles et présents, évoquer à volonté des souvenirs sur lesquels nos facultés intellectuelles exercent un travail utile. Supposez que le commerce avec le dehors soit suspendu ou même simplement ralenti, et que, par difficulté ou par mollesse, notre pensée se relâche, sans que pourtant notre activité cérébrale soit arrêtée, notre imagination alors n'a-t elle pas libre carrière? Ne sommes-nous pas tout prêts à prendre pour des réalités les fantômes qu'elle nous présente, pourvu qu'ils nous agréent ou qu'ils répondent à quelque vive préoccupation? Il peut se faire encore que la série des phénomènes commence par l'autre bout. Quand l'esprit, préoccupé, inquiet ou exalté, passionné, en un mot, se nourrit trop exclusivement de sa fantaisie ou de son caprice, il tend à voir les choses telles qu'il les désire ou les craint; il supprime les difficultés, il ne voit plus les contradictions, il méconnaît les impossibilités. Bientôt la raison se désintéresse complétement d'une partie qui se joue en dehors d'elle ou contre elle et dont la sensibilité fait tous les frais. Alors l'attention se détend, la volonté s'immobilise. C'est donc finalement l'automatisme qui enfante les images, gouverné seulement par la fantaisie dominante ; et tout ce qui flatte cette dernière est accepté.

Ainsi, l'hallucination n'est bien qu'une imagination poussée à ses dernières limites sous l'empire de causes multiples, physiques et morales. Cette parenté se montre bien dans l'analogie des lois qui président à l'une et à l'autre ; car, suivant une observation du docteur J.-P. Falret, observation tout à fait d'accord avec nos premières analyses, « l'activité de l'imagination affaiblit la réflexion, par suite l'idée de temps et d'espace ; elle restreint même l'action des sens.... Plus l'imagination se développe, plus diminue la conscience du travail de l'esprit[1] ».

Que l'hallucination se retrouve dans l'extase et la catalepsie, Esquirol l'affirme[2], et on peut le concéder sans difficulté. Mais on entend surtout par hallucinés des malades chez qui l'hallucination, se substituant à l'exercice normal des sens ou s'y mêlant fréquemment, prend en quelque sorte dans la vie de l'individu la place et le rôle des sensations proprement dites. Dans cet état, les centres nerveux sont habitués à fonctionner automatiquement ou à répondre à certaines

1. J. P. Falret, *Etudes sur les maladies mentales et les asiles d'aliénés*, p. 276.
2. Esquirol. *Des maladies mentales*, tome I, p. 99.

exigences de la passion par des apparitions qui la flattent. Malgré tout, les autres fonctions s'accomplissent, plus ou moins librement. L'hallucination elle-même est devenue comme une fonction parasite, anormale sans aucun doute, mais qui étend chaque jour ses sympathies, ses corrélations physiologiques, de telle sorte que les autres fonctions concourent avec elle et s'en accommodent tant bien que mal. Le malade vit au milieu de ses hallucinations comme il vivrait dans la réalité; il les mélange avec ses impressions ordinaires, raisonnant sur elles comme sur des perceptions vraies; enfin il en garde généralement le souvenir, ce que ne font pas, comme on l'a vu, le somnambule et l'extatique[1].

Quand l'halluciné en est là, quand ses apparitions se multiplient et qu'elles forment les matériaux habituels de sa vie psychique, c'est un aliéné, c'est un fou, il n'y a pas à en douter. Ce n'est pas que tous les fous soient nécessairement hallucinés. Il peut y avoir désordre grave et prolongé dans les facultés mentales, affectives et volontaires, sans qu'il y ait hallucination. Mais sur cent aliénés quatre-vingts au moins sont hallucinés. C'est là le chiffre donné par Esquirol[2], et les aliénistes les plus récents n'y contredisent pas, que nous sachions. L'hallucination a donc indubitablement dans la folie un rôle considérable.

1. Très-souvent même il en donne les descriptions les plus minutieuses, soit quelque temps après, soit beaucoup plus tard, après guérison.
2. Esquirol. *ibid.*, I, 97. Cf. l'ouvrage déjà cité de Brierre de Boismont, *Les Hallucinations*.

En peut-il être autrement? Aussitôt que le sujet croit à ses apparitions et s'y abandonne sans résistance, son jugement n'est-il pas faussé? La logique même avec laquelle il cherche les causes et les conséquences d'une chose qui n'est pas ne doit-elle pas remplir peu à peu son esprit de chimères et d'absurdités? Mais alors sa sensibilité peut-elle demeurer saine et modérée? Et quand même ses pensées ne traduiraient aucun désordre apparent, ni ses affections aucun trouble extraordinaire, s'il obéit aux impulsions cachées d'une fausse image que dans le secret de son âme il croit émaner d'un objet vraiment existant, l'hallucination ne produit-elle pas ces maladies de la volonté que quelques médecins croient indépendantes de toute lésion de la sensibilité ou de l'entendement?

Dans ces cas très-nombreux de folie où l'hallucination a une aussi grande importance, c'est bien des trois conditions énumérées plus haut que dépend le mal; mais la marche du mal n'est pas toujours la même, car c'est tantôt le corps qui commence, et tantôt l'esprit.

Chez les uns, il y a tout d'abord comme une rupture d'équilibre dans les fonctions de l'économie, une décentralisation nerveuse, résultant de ce que la passion d'un organe a été exagérée, tel ou tel d'entre eux criant trop fort dans le concert organique. C'est ainsi que souvent les maladies des viscères aboutissent au cerveau, l'obsèdent sans cesse de la même préoccupation, le fatiguent et le troublent. L'exagération voulue ou consentie d'une fonction produit le même résultat.

Il y a même des modes de folie, comme l'érotomanie (folie amoureuse) et la dipsomanie (manie de la boisson), qui trahissent bien clairement une semblable origine. Mais de telles influences ne développent pas la tendance à l'hallucination sans que l'esprit s'en mêle : il achève les images ébauchées, il en arrête plus fortement les contours, il en augmente le relief, il organise les associations qui la ramènent. Ainsi, tel malade souffre des intestins : peu à peu il arrive à croire qu'il a dans le ventre un animal qui lui dévore les entrailles. Celui-ci a des bourdonnements, il les transforme en voix accusatrices, et ainsi de suite. Voici d'ailleurs à ce sujet des faits authentiques :

Une femme dont parle Leuret croyait avoir dans le ventre un concile d'évêques. C'était une loueuse de chaises de l'une des églises de Paris ; cette circonstance explique sans doute la forme toute particulière de son délire, mais il y avait une cause plus profonde, qui fut découverte. A l'autopsie, Esquirol trouva des désordres caractérisés dans les organes digestifs. Les viscères abdominaux adhéraient entre eux et avec les parois abdominales par la membrane péritonéale qui était très-épaisse. Il fut impossible de séparer les intestins les uns des autres, tant leur adhérence était forte, ils formaient une masse solide inextricable. Le foie était très-volumineux, s'étendant jusqu'à l'hypocondre gauche où il adhérait avec la rate[1].

Un aliéné qui avait tout à la fois une phthisie pulmonaire et un anévrysme au cœur éprouvait souvent des

---

1. Leuret, *Fragments psychologiques sur la folie*.

douleurs dans la région précordiale, accompagnées de battements de cœur tellement violents qu'il s'imagina avoir un animal dans la poitrine. Sa conviction à cet égard était si forte qu'il essaya plusieurs fois de lui donner issue pour se délivrer des angoisses qu'il attribuait à sa présence. L'ouverture du corps montra les caractères de la phthisie pulmonaire la plus avancée, et un cœur volumineux sans être énorme, mais avec adhérence du péricarde à la plèvre costale[1].

Dans beaucoup d'autres cas, nous sommes portés à croire dans la majorité, c'est au contraire l'esprit qui commence. Une préoccupation trop intense, un chagrin contre lequel on ne veut pas lutter, un remords dont on ne sait pas profiter pour réparer la faute qui l'a fait naître, une ambition qui se nourrit de rêves et d'illusions et qui développe dans l'âme plus d'envie et de jalousie que de courage, voilà autant de causes qui ramènent incessamment l'esprit dans un même cercle d'idées. Bientôt, tout ce qui se voit ou s'entend s'interprète dans un sens qui charme ou qui irrite la passion prédominante.... On commence par l'illusion. Aristote déjà l'avait admirablement observé : « Nous nous trompons, disait-il, très-facilement sur nos sensations au moment même où nous les éprouvons, ceux-ci dominés par telle affection, ceux-là par telle autre ; le lâche par sa frayeur, l'amoureux par son amour, l'un croyant voir partout des ennemis, l'autre celui qu'il aime. Et plus la passion domine, plus la

---

1. Morel, *Maladies mentales*, p. 213.

ressemblance apparente qui suffit pour faire illusion est légère[1]. »

Si la maladie se prolonge, il est évident qu'il n'y a qu'un pas à faire pour arriver à l'hallucination.

Celle-ci commence par un sens. Mais une fois qu'elle est acceptée par l'esprit et que la volonté ne cherche pas à l'enrayer, soit par un exercice assidu des sens, soit par des efforts raisonnés de la mémoire et des comparaisons suivies, elle étend rapidement ses ravages. D'un sens elle gagne l'autre. Après avoir imposé quelques jugements faux, elle altère l'ensemble des idées, elle dénature les souvenirs, elle multiplie les associations insignifiantes et leur attribue, par habitude machinale, autant de valeur que si elles reposaient sur des rapports constants et essentiels. Ce n'est pas, remarquons-le bien, que l'halluciné cesse de raisonner. Loin de là! Si l'hallucination engendre le délire, ce n'est précisément qu'avec le concours extrêmement actif du raisonnement qui groupe à outrance des hypothèses désespérées pour s'expliquer les visions inexplicables, pour trouver une cause réelle et objective à des phénomènes complétement subjectifs pour rattacher enfin à une série de causes, de moyens et de fins, quelques troubles subits et imprévus.

Faut-il établir une distinction entre l'hallucination et l'idée fixe? Nous le croyons. Ce sont là deux phénomènes qui se touchent de près et qui ont des caractères communs, mais sans se confondre cependant. L'idée fixe, le mot l'indique suffisamment, s'impose

---

[1]. Aristote, *Des rêves*, II.

à l'esprit, et par cela seul qu'elle persiste, elle circonscrit l'intelligence dans une sphère de plus en plus étroite et restreinte, finalement elle l'immobilise. Cette portion d'intelligence raisonnée qu'implique, nous l'avons vu[1], la formation de toute *idée*, tend à se réduire à son minimum : la partie de pure représentation, avec ses caractères sensibles, particuliers, l'image, en un mot, va au contraire en augmentant. L'homme en proie à une idée fixe croit toujours voir ou entendre l'objet de son idée. Cette représentation n'arrive pas jusqu'à l'extériorité apparente de l'image hallucinatoire : voilà la différence. Mais, d'ailleurs, l'idée fixe conduit à la folie, et elle y conduit par la même voie. « La disposition aux idées fixes, dit le Dr Baillarger, consiste surtout dans la prédominance de l'imagination ou dans une sensibilité très-vive unie à la faiblesse du jugement et à l'impuissance de la volonté[2]. »

Quelques analyses, dont nous emprunterons les éléments principaux à d'éminents aliénistes, feront comprendre et même toucher du doigt les origines et le mode d'invasion de l'idée fixe, soit dans la folie en général, soit dans une espèce plus particulière d'aliénation mentale qu'on nomme folie impulsive. Ce mode d'invasion n'obéit pas, on va le voir, à des lois essentiellement différentes de celles que nous avons constatées jusqu'à présent.

D'après M. le Dr Moreau de Tours, dans tous les cas de folie, quelles que soient les circonstances, quelles

---

1. V. plus haut chap. I.
2 *Annales médico-psychologiques*, année 1846, p. 159, 160.

que soient les causes physiques ou morales qui paraissent avoir donné naissance à la maladie, partout enfin où se trouve une anomalie intellectuelle, le fait primordial et générateur est le même. M. Moreau de Tours appelle souvent ce fait primordial du nom d'excitation ou de surexcitation, expression obscure et qui pourrait faire croire à un développement exagéré, mais intense, à un redoublement d'activité dans les facultés intellectuelles. Le mot nous paraît donc assez mal choisi. Mais les descriptions et les explications qui l'accompagnent en rectifient le sens. Cet état d'excitation, dit le savant aliéniste, est un état d'agitation rapide et confuse des idées, une espèce de mouvement oscillatoire de l'action nerveuse. L'individu est comme arraché à lui-même. Si plus tard il peut rendre compte de cette période initiale, il ne manque jamais de dire : Mes idées s'embrouillaient, je perdais la tête. C'est une « dissolution des facultés, une décomposition des idées, une désagrégation moléculaire de l'intelligence[1]. » Ou encore : « C'est au sein de ce trouble initial que la tête s'égare (dans toute la rigueur du mot), que les idées s'embrouillent, pour parler comme les malades, que l'individu se sent ivre, qu'il se prend à douter s'il dort ou s'il veille, s'il est bien dans son bon sens, s'il n'est pas fou. Enfin, c'est alors que la folie éclate, que l'individu est livré à l'incohérence ou à l'agitation du délire maniaque, qu'il tombe irrésistiblement sous l'empire d'une ou de plusieurs idées exclusives, que dans certains cas il est poussé fatale-

---

[1]. Moreau de Tours, *Le Haschich et l'aliénation mentale*, p. 98, 99, 142, 208.

ment, automatiquement, à agir, à sévir contre lui-même ou contre les autres[1]. » Ainsi, l'idée fixe est toujours précédée de « cet ébranlement intellectuel qui nous prive de tout empire sur nous-mêmes et nous livre, pieds et poings liés, à toutes nos impulsions[2]. »

1. *Ann. médico-psych.*, année 1854, p. 639.
2. Moreau de Tours, *ouvrage cité*. Il nous a semblé que M. Moreau de Tours exprimait ces vérités d'une manière particulièrement saillante. Voilà pourquoi nous lui avons emprunté ses descriptions. Mais le fond lui est commun avec la plus grande partie des aliénistes. On peut lire par exemple dans le Dr Christian *Etude sur la mélancolie*, mémoire récompensé par la Société médico-psychologique) l'excellente description du lent passage de la mélancolie pure et simple à la folie mélancolique.

Les malades instruits et intelligents se rendent compte du profond changement qui s'opère en eux : « Il me semble, disent-ils, que tout ce qui est autour de moi est comme jadis; et cependant il doit s'être fait quelque changement » (Griesinger, *Traité des maladies mentales*, p. 205).

Plus tard, ce n'est pas seulement le moi qui est troublé, le monde extérieur paraît lui-même changé. « J'entends, je vois, je touche, disent plusieurs lypémaniaques, mais je ne suis pas comme autrefois; les objets ne viennent pas à moi, ils ne s'identifient pas avec mon être; un nuage épais, un voile change la teinte et l'aspect des corps. Les corps les mieux polis me paraissent hérissés d'aspérités, etc. » (Esquirol, I, p. 205.

C'est alors une période de doute infiniment cruelle. La physionomie exprime l'effarement. Où suis-je? Que me veut-on ? Que faire ? Mais pourquoi?.... etc. Toutes ces questions viennent sans cesse sur les lèvres du patient et trahissent ses angoisses.

Encore un pas, et la confusion entre les phénomènes objectifs et les phénomènes subjectifs est complète. Le malade, plongé dans un véritable état de rêve, incapable d'apprécier les choses comme elles sont, en vient à croire à la réalité objective de ses sensations modifiées subjectivement.

A ce moment, la folie est déclarée. Mais alors le malade ne doute plus, *il sait*. Il sait qu'on veut le tuer, qu'il est voué à une mort ignominieuse; *il sait et il sent* qu'on l'empoisonne, qu'on l'électrise, qu'on le magnétise; il décrit les machines avec lesquelles on le torture; toutes ses chimères sont devenues des réalités.

La nature même des idées délirantes varie à l'infini et dépend à la

Ces impulsions varient à l'infini suivant le cas particulier de chaque malade. Dans les différentes formes de la manie, elles sont généralement accompagnées d'hallucinations; puis, quand le fou n'est pas condamné par la dépression de ses facultés et la faiblesse de son système nerveux à ce qu'on appelle l'incohérence, quand il est capable de raisonner et d'enchaîner des idées, le fou justifie ces hallucinations à sa manière par des motifs qu'il raisonne et qui rentrent, avec la logique particulière de l'imagination et de la passion des insensés, dans un délire systématisé. Mais il est des cas où ces impulsions ne reconnaissent aucun mobile ou du moins aucun mobile nettement appréciable. Le malade (et il n'en est que plus malheureux) ne peut pas les justifier : il n'essaye pas de le faire. Il lutte même plus ou moins longtemps contre elles, jusqu'au moment fatal où il lui est impossible de résister. Cette forme d'aliénation mentale, qui s'appelle folie impulsive, a été décrite avec le plus grand soin et d'une façon fort intéressante par M. le Dr Dagonet.

Le malade ainsi frappé passe par deux phases. La première est caractérisée par l'affaiblissement, on est tenté d'aller jusqu'à dire par l'anéantissement momentané du moi, à coup sûr par le vague, par la rareté, par la pauvreté des idées. L'attention est dans une impossibilité absolue de se fixer. Quelquefois une

---

fois des idées habituelles du malade, du milieu dans lequel il a vécu, de son degré d'instruction, de sa puissance d'imagination. Souvent c'est une circonstance toute fortuite, un lointain souvenir du passé, qui donne l'idée dominante.

sorte de gaieté mobile et sans raison développe dans ses facultés une exaltation incohérente; mais plus souvent un malaise anxieux, une lassitude croissante, aggravée par l'insomnie, une faiblesse irritable, une impressionnabilité extraordinaire, des appréhensions sans motifs, entretiennent dans le sujet, avec une dépression universelle des facultés, une souffrance indéfinissable. Profondément découragé, sans savoir pourquoi, il devient indifférent à tout, au bien comme au mal. Alors, la première suggestion ou impulsion qui se présentera trouvera la place vide : elle envahira donc l'imagination, puis la pensée tout entière avec une force irrésistible. C'est là que commence la seconde phase du mal[1].

Une fois que le malheureux est en proie à de tels tourments, il lui semble que le seul moyen pour lui de se débarrasser d'intolérables souffrances, c'est de céder à l'impulsion, c'est d'accomplir le projet dont la représentation l'obsède et le poursuit. Et, chose horrible à dire, à son point de vue de malade, si l'on peut ainsi parler, il n'a pas tort. C'est un des signes auxquels on peut le mieux distinguer la monomanie homicide du crime proprement dit, responsable et punissable. L'acte une fois commis, dit Esquirol,

1. Le très judicieux Marc, dans son traité fort utile et fort intéressant encore (II, 166), disait à peu près la même chose : « Lorsque la monomanie homicide se manifeste, elle est constamment précédée de phénomènes propres à indiquer une altération au moins commençante des facultés intellectuelles ; troubles des excrétions ou des sécrétions, tristesse, agitation, précédée quelquefois d'une gaieté folle et non motivée. Le malade est ordinairement ombrageux, taciturne, et surtout ne confie qu'avec une extrême répugnance à autrui les secrets de son cœur. »

« le monomaniaque est calme et comme satisfait. Il a tué, tout est fini, le but est atteint. » Maudsley dit plus encore ; il parle d'un « *soulagement extraordinaire.* » L'individu semble retrouver le calme, il recouvre la parole et le raisonnement. Il rend tranquillement compte de son acte. C'est plus tard seulement que la conscience revient à une appréciation plus juste, et alors éclate un désespoir sincère avec la pensée du suicide[1]. Quoi qu'il en soit, cette conviction qui s'impose au malade redouble, au moment des plus fortes impulsions, on le conçoit, la vivacité de l'excitation. C'est alors aussi que l'imitation exerce sa terrible influence ; tout ce qui est vu ou entendu, l'imagination facilement exaltée pousse à le reproduire. Mais ce qui prouve à quel point l'inertie morale se concilie avec la plus étrange et la plus épouvantable violence, c'est que si la moindre circonstance suffit pour déterminer l'instant du meurtre ou du suicide, « dans un très-grand nombre de cas aussi le moindre obstacle, la circonstance la plus futile, ont pu détourner la pensée de l'individu et faire cesser les mouvements qui l'agitaient. C'est dans ce but que l'on voit des malheureux fuir le lieu où les idées qui

---

1. V. Dr Dagonet, *Les impulsions dans la folie et la folie impulsive*, p. 39. Maudsley, *Le crime et la folie* (bibliothèque scientifique internationale). La folie impulsive a été décrite par beaucoup d'auteurs (on vient d'en avoir des exemples devant les yeux), sous les noms de monomanie homicide, de monomanie suicide. Le Dr Dagonet, comme beaucoup d'autres aliénistes le Dr J.-P. Falret, etc.), ne croit pas à une folie ne lésant qu'une partie de l'intelligence, et il supprime le mot de monomanie. Voyez la 2e édition de son savant ouvrage sur les maladies mentales (J.-B. Baillière, 1876).

les tourmentent semblent se développer et s'accroître. »

En résumé, faisant abstraction des divers modes de résistance ou de coopération des facultés intellectuelles qui, plus ou moins atteintes et plus ou moins capables de réagir, compliquent d'une manière ou d'une autre les phénomènes morbides de l'économie, et organisent ainsi tel ou tel type d'aliénation mentale, nous pouvons arriver à la conclusion suivante.

Dans la folie impulsive comme dans la folie ordinaire, l'idée fixe, c'est-à-dire l'imagination qui s'impose et qui pèse sur l'activité de l'individu, nous apparaît avec les mêmes caractères, elle se développe et agit selon les mêmes lois ; et ces lois ont avec celles de l'hallucination la plus remarquable analogie. Que l'intelligence et la volonté de l'individu cessent de gouverner le mouvement des images, soit pour avoir été dépossédées violemment par un trouble organique plus fort qu'elles, soit pour avoir abdiqué peu à peu par leur propre faute, on voit quelle est dans ces deux cas la tyrannie de l'image et sa puissance envahissante. L'esprit semble raisonner sur elle ; et il ne fait en définitive qu'en augmenter l'action déraisonnable, qu'en multiplier les conséquences absurdes. L'activité se déchaîne et s'exalte, impétueuse et irrésistible... en apparence. Au fond, la volonté n'est pas seulement affaiblie, elle est nulle ou tend à le devenir. C'est précisément cette violence qu'elle subit, mais ne détermine pas et surtout ne dirige pas, qui est la cause principale de son anéantissement progressif.

Quant à la marche de la maladie, on l'a vu, voici comment elle procède :

1° Affaiblissement de la volonté et de l'attention, de leur pouvoir sur le groupement et la succession des idées, d'où liberté plus grande laissée à la production automatique des images.

2° Développement de certains troubles internes dont la nature et dont le siége précis ne sont qu'imparfaitement connus, mais dont l'influence sur la production et sur l'exagération des images est certaine.

3° Action envahissante de l'image ainsi provoquée ; elle modifie les sensations pour les rendre conformes à elle-même, elle les groupe autour d'elle en obscurcissant celles qui lui sont opposées, en exagérant celles qu'elle tient à prolonger parce qu'elles concordent avec elle ; elle bouleverse enfin, par la substitution d'un ordre qui lui convient à l'ordre rationnel et naturel, les associations, les jugements, les raisonnements, les déterminations et les actes.

Bref, si nous ne commandons pas à nos imaginations, elles nous commandent, et celui qui peut agir sur elles nous commande à notre insu. Ainsi pourrait-on résumer tout ce qui précède.

V

Le rêve, diminutif des états précédents.

Entre les états d'imagination que caractérisent ces névroses dites à bon droit extraordinaires et les états de la vie normale, il y a des intermédiaires. En premier lieu vient le sommeil.

En ce qui regarde le corps, le sommeil n'est certainement pas une maladie : c'est un acte tout physiologique. En effet, il n'est pas un organe qui ne se repose en ralentissant ses mouvements, et le sommeil est particulièrement le repos du cerveau. Quant à l'esprit et à ses diverses facultés, le sommeil ordinaire[1] ne les affecte pas comme le fait une maladie, telle que l'aliénation mentale par exemple. Le sommeil est un état court, dont le dénouement est arrêté par avance, et ce dénouement n'a rien de périlleux :

1. Nous exceptons, bien entendu, certains sommeils comateux, certains états de somnolence maladive. Nous ne parlons ici que du sommeil proprement dit.

il ne laisse ni dans la sensibilité, ni dans la volonté, ni dans l'intelligence, aucune trace fâcheuse : aucune de ces facultés n'a besoin de lutter pour retrouver après lui ses habitudes antérieures et sa vertu. Cependant, le sommeil, tant qu'il dure, trouble ou intervertit le développement de nos facultés intellectuelles. L'attention est relâchée, la conscience s'éteint ou s'affaiblit, l'effort libre de la volonté devient impossible : les associations d'idées perdent toute logique. Enfin, les points de ressemblance avec l'état de l'esprit dans l'hallucination et la folie sont nombreux : ils le sont notamment pour le seul phénomène intellectuel dont nous nous occupons et dont nous avons entrepris d'étudier les vicissitudes, c'est-à-dire pour l'imagination.

Il existe, on s'en souvient, une tendance automatique ou, pour mieux dire, spontanée de l'imagination, et qui consiste à renouveler, bien que plus ou moins affaiblies, les sensations une fois éprouvées. A l'état ordinaire et dans la veille, cette tendance est enrayée par différentes causes, telles que les sensations et les perceptions actuelles, le souvenir volontaire et réfléchi, l'ordre de nos jugements et de nos raisonnements... Or, dans le sommeil, les sens extérieurs se ferment, l'organe de la pensée se repose, l'attention qui exige, tout homme en fait l'expérience et le sait, un effort parfaitement appréciable du cerveau, l'attention, disons-nous, se suspend, et par là même toutes les facultés de l'entendement entrent dans une période de résolution. Toutes les causes qui affaiblissent ou qui arrêtent la spontanéité de l'image cessent donc d'agir. D'autre part « le cerveau n'est jamais envahi simultanément dans toutes ses parties par le sommeil. Il ne s'endort que par régions et partiellement¹. » Cette spontanéité de l'imagination peut donc, quant à elle, subsister et, par le seul fait de la suppression des obstacles, subsister plus puissante, donner des résultats plus saillants. Effectivement, si l'on peut concéder qu'il est des sommeils sans rêves, dans lesquels le repos des facultés comme celui des organes est aussi complet qu'il est possible, il est encore plus de sommeils remplis par des rêves, c'est-à-dire par des imaginations plus ou moins suivies. Ceci est encore un fait que l'expérience de chacun peut confirmer. Il n'y a là aucune difficulté.

Mais ce premier fait va nous aider à retrouver et à expliquer toute la série de ceux qui caractérisent l'état de l'imagination dans le sommeil. La spontanéité de l'imagination s'accuse, parce qu'elle ne rencontre plus ses obstacles accoutumés. Nous comprenons donc aisément que ses productions règnent sans partage dans l'esprit du dormeur. Par le fait que les autres facultés, abdiquant, la laissent se développer seule, elles la livrent à elle-même.

Plus d'antagonisme par conséquent entre les sensations actuelles et les images. Donc, les images doivent être prises pour des réalités. Le réel et l'imaginaire ne font plus qu'un. Ce que l'esprit tire de ses propres conceptions, il le pose, pour ainsi dire, en face de lui, comme s'il le percevait vraiment du dehors ; il lui prête une existence extérieure, il l'objective, suivant l'ex-

---

1. Luys, *Recherches sur le système cérébro-spinal*, p. 442.

pression consacrée. « En l'absence des perceptions véritables, les conceptions du rêve paraissent des perceptions. Si pendant l'état de veille je songe à une personne qui est en Italie, si l'Italie me fait penser à l'arc de Titus, Titus aux Juifs, ceux-ci à Pilate, etc., je ne trouve là rien de surprenant. Si j'ai les mêmes idées dans un songe, j'aurai rêvé que, de France, je me suis trouvé subitement transporté en Italie, que l'Italie s'est changée en Judée, Titus en Pilate, etc.[1]. »

Plus d'antagonisme non plus entre l'imagination et la conscience. Le dormeur ne rentre pas en lui-même ; toutes les pensées que dans l'état de veille il attribuerait, à juste titre, à sa réflexion personnelle, il croit les recevoir d'une influence extérieure et les entendre exprimer par une voix étrangère. Les observateurs ont rapporté beaucoup d'exemples de ce fait, qui est encore commun au rêve et à la folie. Que d'aliénés parlent d'eux à la troisième personne et prêtent à des interlocuteurs imaginaires tous les soupçons, tous les doutes capables d'irriter les passions qui les tourmentent! Ainsi, pendant son sommeil un orateur ou un savant s'entendra opposer par un adversaire pressant des objections qui ne seront autres que celles que, la veille, il avait lui-même entrevues ou méditées. Nouvel exemple de la tendance de l'esprit à tout objectiver dans ses rêves, à laisser l'imagination revêtir d'une forme sensible tous les phénomènes de la vie animale ou intellectuelle qui subsistent encore chez le dormeur.

---

1. Adolphe Garnier.

Plus d'antagonisme enfin entre l'image et le raisonnement. Les images se succèdent comme elles le veulent : d'où ce qu'on appelle l'incohérence du rêve. Ce n'est pas à dire que les images arrivent absolument au hasard et sans associations d'aucune sorte. Mais ces associations d'images n'obéissent pas tout à fait aux mêmes lois que les associations d'idées. Tous les rapports accidentels, si fugitifs et si insignifiants qu'ils soient, ceux qui sont fondés sur une similitude dans les mots tout aussi bien que ceux qui reposent sur quelque analogie superficielle ou non dans les choses, tous en un mot sont acceptés sans contrôle : le moindre d'entre eux suffit toujours pour amener une imagination à la suite ou à la place d'une autre. M. Alf. Maury rapporte de curieux exemples, recueillis sur lui-même, de cette espèce d'association dans les rêves. « Je pensais, dit-il, au mot *kilomètre*, et j'y pensais si bien que j'étais occupé en rêve à marcher sur une route où je lisais les bornes qui marquent la distance d'un point donné, évaluée avec cette mesure itinéraire. Tout à coup, je me trouve sur une de ces grandes balances dont on fait usage chez les épiciers, sur un des plateaux de laquelle un homme accumulait des *kilos*, afin de connaître mon poids. Puis, je ne sais trop comment, cet épicier me dit que nous ne sommes plus à Paris, mais dans l'île de *Gilolo*, à laquelle je confesse avoir très-peu pensé dans ma vie. Alors mon esprit se porta sur l'autre syllabe de ce nom ; et changeant en quelque sorte de pied, je quittai la première et me mis à glisser sur le second, et j'eus successivement plusieurs rêves dans lesquels je voyais la fleur nommée *lobélia*, le général *Lopez*, dont je venais de lire la déplorable fin à Cuba ; enfin, je me réveillai faisant une partie de *loto*. Je passe, il est vrai, quelques circonstances intermédiaires dont le souvenir ne m'est pas assez présent et qui ont vraisemblablement aussi des assonances semblables pour étiquettes. Quoi qu'il en soit, le mode d'association n'en est pas moins ici manifeste. Ces mots, dont l'emploi n'est certes pas journalier, avaient enchaîné des idées fort disparates [1]. » Pareille incohérence, provoquée par les mêmes associations, a été souvent signalée chez les fous [2].

Mais si des intermédiaires aussi minces suffisent pour passer d'une image à l'autre, on comprend que l'imagination du dormeur coure avec une rapidité si vertigineuse de sujets en sujets. Bien souvent, cela est probable, cette rapidité est telle qu'elle équivaut presque à la simultanéité. En d'autres termes, nous pouvons en un fragment imperceptible de la durée contempler des séries d'images qui se posent à peu près toutes ensemble comme un seul tableau. A notre réveil, nous revenons aux conditions normales de la pensée discursive, jugeant les images sur lesquelles elle travaille, et obligée de s'arrêter sur chacune pendant un temps appréciable qui se mesure sur le rhythme actuel de nos diverses fonctions. Alors, si le souvenir de tel de nos rêves nous est resté, il nous semble, en en repassant toutes les phases, qu'il a dû se continuer et durer pendant un temps fort long. Ce phénomène

---

1. Alfr. Maury, *Le sommeil et les rêves*, 3ᵉ édit., p. 116.
2. Leuret, *Fragments psychologiques sur la folie*, p. 32.

est surtout sensible, il est vrai, dans certains sommeils artificiels, comme celui que donne le haschich. « Cette interminable imagination (dit un littérateur racontant ses impressions de mangeur de haschich) n'a duré qu'une minute ; car un intervalle de lucidité, avec un grand effort, m'a permis de regarder à la pendule. Mais un autre courant d'idées vous emporte : il vous roulera une minute encore dans un tourbillon vivant, et cette minute sera une autre éternité. Car les proportions du temps et de l'être sont complétement dérangées par la multitude des sensations et des idées[1]. » Mais de pareils faits sont loin d'être rares dans le sommeil physiologique ordinaire. Nous emprunterons encore à M. Alf. Maury un exemple tout à fait remarquable et concluant de cette étrange propriété de l'imagination dans les rêves : « J'étais, dit-il, un peu indisposé et me trouvais couché dans ma chambre ayant ma mère à mon chevet. Je rêve de la Terreur, j'assiste à des scènes de massacre, je comparais devant le tribunal révolutionnaire : je vois Robespierre, Marat, Fouquier-Tinville, toutes les plus vilaines figures de cette époque terrible ; je discute avec eux ; enfin, après bien des événements que je ne me rappelle qu'imparfaitement, je suis jugé, condamné à mort, conduit en charrette, au milieu d'un concours immense, sur la place de la Révolution ; je monte sur l'échafaud ; l'exécuteur me lie sur la planche fatale, il la fait basculer, le couperet tombe, je sens ma tête se séparer de mon tronc ;

1. Ch. Baudelaire.

je m'éveille en proie à la plus vive angoisse, et je me sens sur le cou la flèche de mon lit qui s'était subitement détachée et était tombée sur mes vertèbres cervicales, à la façon du couteau de la guillotine. Cela avait eu lieu en un instant, ainsi que ma mère me le confirma ; et cependant c'était cette sensation externe que j'avais prise pour point de départ d'un rêve où tant de faits s'étaient succédé. Au moment où j'avais été frappé, le souvenir de la redoutable machine, dont la flèche de mon lit représentait si bien l'effet, avait éveillé toutes les images d'une époque dont la guillotine a été le symbole [1]. »

Ainsi, tout nous le montre, l'imagination règne seule dans le sommeil ; l'activité autonome et réfléchie du principe personnel s'y repose. Il est cependant d'autres facultés de l'être humain qui fonctionnent encore. Il est des phénomènes tenant à la fois des deux vies, de la vie physiologique et de la vie psychologique, qui continuent à se produire. L'homme endormi ne cesse pas complétement d'éprouver, de percevoir certaines sensations. Il en perçoit en lui-même, car il est des organes ou des viscères dont les tendances et les mouvements sont loin d'être arrêtés, et il en est que certaines affections passagères (comme une mauvaise digestion par exemple) irritent, sans toutefois troubler assez le corps entier pour amener le réveil. Il en perçoit aussi hors de lui : le toucher n'est pas complétement incapable de sentir, et l'ouïe n'est pas fermée à tous les bruits. Mais que deviennent ces

---

1. Alfr. Maury, *ouvrage cité*, p. 139, 140.

sensations, si elles ne peuvent être matière à raisonnement, si l'esprit ne réfléchit pas sur elles? Dans beaucoup de cas, elles s'évanouissent aussitôt; presque aussi vite oubliées que perçues, elles ne laissent aucune trace d'elles-mêmes. Mais dans beaucoup de cas aussi, on le devine, c'est l'imagination qui s'en empare. Si un rêve tant soit peu suivi ou groupé autour d'une conception dominante est commencé, elles entrent dans ce rêve tant bien que mal, et elles en élargissent les cadres, quitte à les rompre. Autrement dit, les sensations se transforment en images. Ceci est encore un fait dont nous avons trouvé l'analogue dans l'aliénation mentale. Une folle dont les intestins étaient malades s'imaginait, avons-nous vu, que ses entrailles étaient habitées. Ainsi, la piqûre d'une puce fit rêver à Descartes qu'il était percé d'un coup d'épée. Et une personne dont Dugald-Stewart raconte l'histoire, s'étant fait appliquer aux pieds une boule d'eau très-chaude, rêva qu'elle faisait un voyage au mont Etna. D'autre part, les somnambules, avons-nous dit, peuvent avoir une sorte de prévision qui repose uniquement sur une sensation plus délicate de l'état où se trouvent quelques-uns de leurs organes internes. Mais nous avons pris soin de le dire et de le prouver, cette sensation n'est que l'exagération de ce qui se passe souvent dans le sommeil : nous avons cité déjà quelques-uns de ces rêves dits prophétiques où il n'y avait rien autre chose qu'une sensation transformée en image. Enfin, c'est cette espèce d'avidité de l'imagination jointe à l'inertie générale due à la suspension de la volonté qui rend possible la suggestion dans le sommeil ordinaire comme dans l'hypnotisme, bien qu'à un degré beaucoup moindre, cela va de soi. L'imagination de l'homme endormi accepte, pour ainsi parler, tous les aliments qu'on lui donne ; elle se les assimile et développe ainsi avec eux, comme elle le peut, la vie qui lui est propre [1].

En résumé, si nous comparons le rôle de l'imagination dans le sommeil au rôle de l'imagination dans le somnambulisme, dans l'hypnotisme, dans l'hallucination, dans la folie, nous constatons aisément que le sommeil n'est qu'une réduction ou qu'un diminutif de ces divers états. Nous retrouvons dans le sommeil l'inertie morale souvent unie à la surexcitation de l'imagination. Nous y retrouvons la transformation de sensations en images, l'oblitération rapide des sensations qui ne concordent pas avec les imaginations actuellement dominantes, l'exagération de celles qui d'une manière ou d'une autre y concourent. Nous y retrouvons enfin la suggestion. Et tout cela peut se réduire à un seul mot : l'imagination substituée à la raison et se mettant en son lieu et place pour gouverner l'individu.

Maintenant, nous devons chercher les différences. Dans le sommeil ordinaire, l'image exerce-t-elle sur l'individu cette action puissante, capable de suite et de continuité, que nous l'avons vue exercer dans le somnambulisme? Réagit-elle sur les sens comme dans l'hallucination? Tout le monde sait que non. Mais d'où vient que les nombreuses analogies que nous signalions

---

[1]. Nous avons donné plus haut des exemples de la suggestion dans le sommeil. V. p. 58 et 59.

tout à l'heure s'arrêtent là? Il n'est point difficile de l'expliquer.

D'abord le sommeil proprement dit est habituellement un état de repos. Bien que l'imagination y soit surexcitée relativement à l'état des autres facultés et qu'elle puisse y atteindre quelquefois un assez haut degré d'intensité, elle ne déploie le plus souvent qu'une activité intermittente; car l'organe cérébral tend alors au calme le plus complet possible. Sans doute, les préoccupations que l'esprit a gardées de l'état de veille, les sensations internes ou externes faiblement et obscurément perçues, mais perçues cependant, le reste d'activité du cerveau qui, comme tous les autres organes, ralentit ses fonctions sans les suspendre tout à fait, voilà autant de causes qui font obstacle à cette tendance au repos absolu. Mais dans la grande majorité des cas, les images du sommeil restent bien loin de celles qui caractérisent les névroses, tout simplement parce que le sommeil n'est pas une maladie.

Ce n'est pas tout: l'imagination du somnambule est entretenue et surexcitée par la persistance de l'activité locomotrice. Les mouvements que le somnambule exécute sont en grande partie, objectera-t-on, dirigés par les images. Oui, mais cette direction même est un travail; et si les sensations se laissent docilement transformer par les images, du moins viennent-elles provoquer ces dernières et fournir des matériaux plus nombreux à leur action. Le dormeur ne va pas ainsi au-devant des impressions; il n'entretient pas avec le dehors un tel commerce.

Par suite, il n'est pas soumis, habituellement du moins, à des suggestions systématiquement suivies, comme celles qui se pratiquent dans le somnambulisme artificiel et dans l'hypnotisme.

Enfin, son imagination n'est pas irritée par une passion dominante ni par la persistance et l'obsession invincible d'une seule et même image, comme c'est le cas dans un très-grand nombre d'hallucinations et surtout dans les différentes formes d'aliénation mentale où règne l'idée fixe.

Pour compléter cet examen des ressemblances et des différences qui existent entre le sommeil et les névroses extraordinaires, il est bon de remarquer que le sommeil n'est pas un état nettement tranché, en ce sens que, si les caractères dont nous avons donné plus haut l'analyse se retrouvent dans tout sommeil, ils ne s'y retrouvent pas au même degré. Le sommeil d'un enfant n'est pas le même que le sommeil d'un adulte, et surtout celui d'un homme en bonne santé n'est pas identique au sommeil d'un malade. On conçoit en particulier que, si une personne est sur la voie qui conduit au somnambulisme ou à la folie, elle s'en approchera bien davantage, elle glissera bien plus aisément sur la pente pendant les heures du sommeil, alors que son intelligence et sa volonté seront engourdies. Ainsi, le fou rêve beaucoup : il a des rêves bien plus agités, des cauchemars bien plus fréquents, bien plus longs et plus douloureux que le commun des hommes. Avant même que la folie n'éclate, l'invasion plus ou moins prochaine du mal s'annonce par des symptômes très-divers, sans doute, mais notamment par des rêves bizarres et extraordinaires[1]. En vertu de la même loi, quand la folie se calme et marche soit à une guérison définitive, soit à une rémission de quelque importance, le sommeil continue encore à présenter certains caractères pathologiques. Tant que le sommeil ne devient pas plus calme, le médecin doute que l'amélioration signalée dans l'état de veille soit sérieuse et durable. Les auteurs mêmes ont remarqué que les désordres de la folie sont quelquefois reproduits pendant le sommeil, longtemps encore après que la guérison est accomplie.

Il est inutile d'insister maintenant sur cette vérité bien établie, que le sommeil ne diffère des états où l'esprit est le plus troublé que par l'intensité des phénomènes et surtout par la durée. Y chercher des songes prophétiques ou une exaltation de la vie intellectuelle serait une tentative chimérique. Mais ce serait une chimère non moins vaine que de demander le génie ou l'esprit, ou une augmentation quelconque d'intelligence à des substances excitantes ou à des drogues comme l'opium et le haschisch. L'état qu'elles développent n'est autre qu'un sommeil plus agité ou, ce qui revient au même, une folie plus courte et, à la condition de ne pas être trop souvent répétée, moins périlleuse. Dans la grande fièvre romantique, alors que les esprits s'éprenaient, en poésie et même en prose, du coloris et de la musique un peu plus que de l'idée, alors que le mot seul d'Orient ouvrait de resplendissants mirages, on voulut demander au haschich une

---

1. Voyez le Dr Dagonet, *Nouveau traité des maladies mentales*, 2e édition, tome I, chap. 2.

ivresse soi-disant inspirée, qui donnât avec de belles visions éblouissantes une béatitude paradisiaque à peu de frais acquise. L'illusion, si tant est qu'il y eût illusion, ne fut pas longue. On ne tarda pas à s'apercevoir qu'il est de la nature de ces ivresses d'exagérer les sentiments, ce qui est déjà un bienfait des plus douteux, mais surtout de diminuer la volonté, ce qui est, il faut bien l'avouer, très-peu propice à l'éclosion du génie. Un des plus ingénieux et des plus bizarres adeptes de cette pratique orientale le reconnaît en terme excellents et avec l'autorité qui lui donnait une expérience assez variée. « Dans l'ivresse du haschich, écrivait-il, nous ne sortons pas du sommeil naturel. L'oisif s'est ingénié pour introduire artificiellement le surnaturel dans sa vie et dans sa pensée, mais on ne trouve rien dans cette ivresse que le naturel excessif. Le cerveau et l'organisme sur lesquels opère le haschisch ne donneront que leurs phénomènes ordinaires, individuels, augmentés il est vrai, quant au nombre et à l'énergie, mais toujours fidèles à leur origine. L'homme n'échappera pas à la fatalité de son tempérament, physique ou moral : le haschisch sera pour les impressions et les pensées familières de l'homme un miroir grossissant, mais rien qu'un miroir[1]. »

Voilà le haschich sommairement, mais judicieusement apprécié. Quant aux détails de cette ivresse et au développement des symptômes qu'elle accuse, ils ont été longuement analysés par la science[2], et voici com-

---

1. Ch. Baudelaire.
2. Voyez l'ouvrage déjà cité de M. Moreau de Tours.

ment on en a marqué l'évolution. Tout d'abord, l'individu sans doute se sent envahi et pénétré par un sentiment de bonheur qui le dilate. Mais bientôt ses idées se dissocient, il cesse de pouvoir les retenir et les diriger. Il ne sait plus mesurer ni le temps ni l'espace. Cependant la sensibilité de l'âme augmente.... Les sens de l'individu vont-ils le doter d'impressions nouvelles ou lui ouvrir tout un monde d'harmonies inconnues ? Non : car les conceptions délirantes ne tardent pas à égarer l'esprit. Des idées fixes le tourmentent, amenant une lésion des affections qui au sentiment de béatitude du début fait succéder la défiance et les larmes. Viennent enfin des impulsions irrésistibles accompagnées d'illusions, d'hallucinations : la ressemblance avec l'aliénation mentale (sauf la durée, encore une fois) est complète. Mais si les expériences se renouvelaient trop souvent, l'individu en arriverait de crise en crise à une dernière ivresse qui ne ferait que continuer le même égarement dans une folie définitive.

S'il en est ainsi de cette ivresse parfois vantée de la drogue orientale, on nous dispensera de rien dire sur le triste état de l'imagination dans les ivresses plus abrutissantes encore des boissons alcooliques[1].

1. On peut, sur ce dernier point, consulter le livre du D' Magnan, *Recherches sur les centres nerveux*, 2ᵉ partie. Paris, Masson, 1876.

VI

États intermédiaires entre la maladie et la santé. — L'imitation irréfléchie. — Les faibles d'esprit. — Les gens crédules. — Les passionnés. — Les rêveurs. — L'idée fixe sans folie.

Arrivons aux gens éveillés. Il en est qui, tout en restant hors de la folie et même assez loin de la folie, sont atteints d'une certaine faiblesse d'esprit à laquelle l'influence d'imaginations qu'ils subissent et ne savent pas élaborer ne nous semble pas étrangère. Cette influence, dont nous allons chercher les effets principaux dans la vie à peu près normale, peut être temporaire et intermittente; elle peut être durable : elle peut même persister toute la vie de l'individu.

L'homme, a-t-on dit, est un animal imitateur. Cela est vrai. Il imite et la nature et les actes de ses semblables; mais il peut imiter de plusieurs façons. Il peut le faire avec réflexion, avec effort, pour son propre intérêt ou pour plaire aux autres ou en vue de son amélioration, soit physique, soit morale. Il peut mêler à son imitation quelque chose de personnel qui l'aide, il s'en flatte du moins, à surpasser son modèle. Mais il peut aussi se laisser aller à imiter sans le vouloir et sans y réfléchir. C'est de ce dernier mode d'imitation que nous voudrions dire quelques mots.

Ce penchant à l'imitation non voulue et non raisonnée revêt lui-même plusieurs formes. Nous citerons d'abord comme étant la moins tenace de toutes celle qu'on a appelée quelquefois du nom de contagion nerveuse. Tout le monde sait que le rire appelle le rire, que la vue du bâillement fait bâiller, que les spectateurs de scènes mimiques ou de toute pièce de théâtre, en général, sont portés à prendre eux-mêmes les différentes expressions de physionomie qu'ils voient sur la figure de l'acteur. Voyons-nous tout à coup des gens courir dans la rue, nous sommes involontairement entraînés à courir comme eux. La vue d'efforts laborieux est toujours pénible, parce qu'elle détermine chez ceux qui les regardent une velléité, un commencement même d'efforts analogues[1].

Mais, il convient de l'observer, cette tendance à l'imitation n'a quelque force qu'autant que l'individu

---

1. « L'audition du vomissement, du bégaiement, du hoquet, détermine chez certains individus des contractions spasmodiques qui produisent des phénomènes semblables. Le bruit que fait l'émission de l'urine, chassée au dehors par la contraction physiologique de la vessie, détermine chez quelques personnes des envies d'uriner et même la miction : les voituriers employent ce moyen pour faire uriner leurs chevaux. M. le Dr Jolly a cité un individu affecté d'une paralysie de la vessie, paralysie réfractaire à tout traitement, mais qui cessait sous l'influence de bruits imitatifs de la miction. Certains animaux sont aptes à recevoir cette contagion nerveuse. D'après le témoignage de M. Bouley, si un cheval prend le tic de serrer convulsivement les mâchoires, il n'est pas rare de voir les autres chevaux de la même écurie prendre le même tic » (Dr Despine).

en qui elle se manifeste est oisif ou bien qu'il s'abandonne avec docilité, comme le fait généralement le spectateur dans les théâtres, à la sympathie que provoquent en lui les sentiments, les joies ou les douleurs, les actes enfin des personnages de la pièce. Quelqu'un qui médite sa propre pensée avec une certaine application ne s'en laisse pas détourner si facilement par l'expression des idées ou des passions d'autrui; souvent même il ne fera que s'y enfoncer davantage. Riez par exemple devant une personne sérieuse qui réfléchit ou qui travaille avec quelque tension d'esprit, vous risquez beaucoup de voir son sérieux augmenter jusqu'à l'ennui ou à l'irritation : elle vous en veut de venir ainsi troubler ses efforts. A vrai dire, cette résistance chagrine et morose atteste bien la réalité de la tendance à l'imitation qu'on a éveillée dans l'individu et contre les sollicitations de laquelle il combat. Mais nous trouvons ici encore une confirmation de cette loi universelle, que l'influence de l'image augmente d'autant plus que l'action de l'intelligence et de la volonté s'affaiblit davantage.

C'est bien en effet l'influence de l'image qui détermine le penchant à imiter. Nous voyons s'accomplir un acte, un mouvement ? Que la perception se prolonge dans l'imagination, celle-ci obsède l'individu qui est naturellement porté (nous en chercherons plus tard les raisons profondes) à mettre ses actes en harmonie avec sa pensée, à exécuter ce qu'il se représente ou imagine. Or, l'imagination est nécessairement occupée de ce que les sens viennent de voir. Quelques-unes de ces influences se composent d'une quantité considérable de petites actions qui incessamment répétées s'accumulent et créent chez ceux qui les subissent des dispositions durables. « Les passions, dit Bonstetten, sont ce qu'il y a de plus contagieux. Représentées sur la toile ou sur le théâtre, elles sont déjà capables d'entraîner. Combien ne sont-elles pas plus entraînantes encore dans la réalité? De là les passions nationales. Comment dans une ville de commerce ou dans une nation toute commerçante échapperait-on à l'amour du gain et au respect pour les richesses? Comment dans une armée pleine de héros serait-on privé de courage? »

Mais il est aussi des contagions intermittentes qui éclatent comme un mal foudroyant, qui font des ravages épouvantables et qu'en bien des circonstances pourtant un rien pourrait arrêter. On connaît les épidémies des convulsionnaires de Saint-Médard.... M. le docteur Bouchut, dans une brochure intitulée *De la Contagion nerveuse*, en relate deux qui sont contemporaines. La première eut lieu à Paris, en 1848, dans un atelier de quatre cents femmes établi dans le manége de M. Hope. Une ouvrière pâlit, perd connaissance, a des convulsions dans les membres avec serrement des mâchoires. En deux heures, trente de ces femmes sont affectées du même mal. Au troisième jour, cent quinze en étaient atteintes. Toutes présentaient les mêmes symptômes. Elles étaient prises d'étouffement avec fourmillements dans les membres, vertiges, craintes d'une mort prochaine; puis elles perdaient connaissance au milieu des convulsions....
La deuxième épidémie convulsive décrite par le doc-

teur Bouchut se manifesta en 1861, chez les jeunes filles de la paroisse de Montmartre, qui se préparaient à la première communion. Le premier jour de la retraite, au matin, trois d'entre elles furent prises, dans l'église, de perte de connaissance et de mouvements convulsifs généraux de peu de durée. Il en fut de même à l'exercice du soir. Le deuxième jour, les mêmes accidents se produisirent chez trois autres jeunes filles, le troisième jour également. Le quatrième jour, celui de la première communion, douze furent atteintes du même mal. Aux offices du soir, vingt furent prises. Enfin, le cinquième jour, à la confirmation, quinze d'entre elles, à l'approche de l'archevêque, furent saisies d'un tremblement convulsif, poussèrent un cri et tombèrent sans connaissance lorsqu'il levait la main sur leur front. Dans cet espace de temps, quarante jeunes filles sur cent cinquante furent atteintes des mêmes phénomènes nerveux[1]. De pareils faits se retrouvent en grand nombre dans les traités d'aliénation mentale ou de pathologie générale. Ces faits ne se produisent que dans des milieux préparés par une foi mal éclairée, par la superstition, par le fanatisme, par la terreur; ou bien ils sont amenés par quelque événement qui, tout à coup, d'une secousse violente, ébranle les intelligences et brise les volontés. Alors l'image est à peu près aussi puissante que dans le somnambulisme et dans l'hallucination.

1. Sur les possédées de Morzine, épidémie convulsive de la Savoie d'il y a dix ans, voir le savant ouvrage de M. Tissot sur l'*Imagination*, et les *Ann. médico-psychol.* On peut aussi consulter l'ouvrage déjà cité de M Calmeil qui relate un nombre considérable de laits analogues.

Remarquez d'ailleurs quels sont les lieux où ces épidémies ont l'habitude de faire explosion. Ce sont certains couvents où règne une vie toute contemplative et où la docilité d'une foi naïve qui non-seulement croit au surnaturel et au miracle, mais est disposée à en voir partout, est en quelque sorte la loi ; ce sont des ateliers et surtout des ateliers de femmes, c'est-à-dire des assemblées nombreuses où les mains occupées à un travail machinal laissent la tête assez libre pour rêver et pas assez pour réfléchir ; ce sont les églises où les pensées sont toutes dirigées vers un même objet, où tous les cœurs sont enflammés d'un même amour, où la majorité des fidèles peut assez souvent mêler à ses croyances des superstitions enfantines ; ce sont les cimetières, où la pensée du grand nombre est naturellement portée vers des idées terrifiantes ; ce sont enfin les alentours d'un échafaud avec la vue du dernier supplice et le spectacle d'une foule avide d'émotions atroces[1]. Un phénomène extraordinaire ou pa-

---

1. Voici un fait que rapportent Marc et Baillarger. Encore très-jeune et n'ayant jamais donné aucun signe de mélancolie, Augusta Strohm avait assisté, à Dresde, à l'exécution d'une nommée Scheffe, condamnée à mort pour assassinat. Le soin avec lequel on prépara l'échafaud avait produit sur Augusta Strohm une impression telle que, de ce moment, elle regarda comme le plus grand bonheur celui de pouvoir terminer sa vie de la même manière, c'est-à-dire de pouvoir être préparée à la mort et de faire une fin aussi édifiante que la condamnée. Cette pensée ne la quitta plus ; mais ses principes de morale luttèrent bien longtemps. Mais, un jour, eut lieu à Dresde l'exécution d'un autre assassin. Cette seconde excitation suffit pour exalter l'idée première et pour pousser cette malheureuse fille au meurtre. Six semaines après, sans aucun motif appréciable, elle tuait à coup de hachette une de ses amies qu'elle avait invitée à venir chez elle. Il y avait au moins quinze ans que cette idée persistait, sans entraîner

raissant tel, vient-il à se produire? alors la pensée est glacée d'effroi ou fascinée par la surprise et par l'attente : la puissance d'agir est immobilisée, comme dans un rêve : l'automatisme de l'image et des phénomènes physiologiques qu'elle tient sous son empire est aussi complet que dans les névroses les plus caractérisées. Mais une sorte de contre-poids vient bien marquer la nature des lois qui président à ces états. On ne les fait cesser qu'en ramenant l'individu à lui-même et au cours régulier de ses propres pensées.

Tout d'abord, cela va de soi, le moyen efficace par excellence et qui s'offre tout de suite à l'esprit, c'est d'empêcher le contact en isolant les individus atteints, en dispersant ce qu'on a nommé les foyers d'infection, en évitant avec soin la publication de tout ce qui a rapport à la maladie et plus encore la vue des phénomènes nerveux manifestés par les personnes frappées; car il n'y a rien de plus dangereux pour les natures impressionnables, telles que les femmes et les enfants. En second lieu, on a vu mettre un terme à ces épidémies par l'excitation vive d'un sentiment ou d'une passion qui, en absorbant les malades ou, pour mieux dire, en sollicitant et en forçant leur attention, opérait une diversion salutaire sur leur moral et par

aucun désordre, malgré les luttes intérieures que soutenait la malade.

Il n'y avait pas là épidémie, puisque ce n'était qu'un fait isolé. Mais on y voit du moins l'effet terrible de l'imitation sur certaines organisations, quand la circonstance est de nature à agir sur l'imagination d'une manière extraordinaire.

Les exemples de faits pareils chez des homicides, des incendiaires, des suicidés, ne sont pas absolument rares.

suite sur leur physique. L'excitation du sentiment de la pudeur mit fin (chez les jeunes filles de Milet) à une épidémie de suicides : on avait menacé d'exposer tout nus les cadavres de celles qui se tueraient. La crainte et la terreur ont également coupé court à des phénomènes du même genre. Ainsi tout le monde sait que Boerhave arrêta une épidémie naissante de convulsions hystériques dans un pensionnat, en menaçant de brûler avec un fer chaud les jeunes filles qui seraient prises du mal. Comme le rappelle enfin le docteur Despine, « les grandes pestes qui ravagèrent l'Europe pendant le moyen âge firent cesser par la terreur qu'elles inspiraient les épidémies hystériques et convulsives, dans toutes les localités où ces pestes se manifestèrent. » Mais, dans ces divers moyens curatifs, ce n'est pas seulement une terreur qui vient se substituer à une autre. C'est une crainte parfaitement explicable, conforme à la nature et par suite à la raison, tout à fait apte à provoquer la réflexion et les efforts d'une volonté personnelle, qui vient se substituer à une terreur mystérieuse et inexplicable qui ne pouvait que faire taire la raison et paralyser toute énergie. De même que la suspension de ces dernières facultés avait favorisé l'explosion de l'image, de même leur retour à l'activité en fait cesser la domination désordonnée.

Venons maintenant à une forme moins aiguë, mais plus durable de cette espèce d'inclination. Il est des êtres qui sont portés plus ou moins habituellement à imiter pour imiter. Et où les trouve-t-on ? Chez ceux dont l'intelligence est naissante et chez ceux dont l'intelligence est oblitérée ou arrêtée, en d'autres termes chez les jeunes enfants et chez les idiots. Rien ne doit être plus surveillé chez les uns et chez les autres. Incapable de prendre aucune initiative et de se conduire lui-même, le pauvre imbécile à qui l'on choisira des modèles pas trop difficiles à imiter pourra rendre encore quelques services. Mais qu'on ne l'abandonne pas à lui-même. Un idiot ayant vu saigner un porc, s'en alla faire de même à un homme sans défense, il l'égorgea[1]. C'est sans beaucoup plus de conscience de ce que l'imitation lui faisait faire, qu'un petit enfant de six à huit ans étouffa son plus jeune frère et dit simplement que c'était pour imiter le diable étranglant Polichinelle[2]. Sans aller jusque-là, la plupart des enfants, tout le monde le sait, prennent avec une incroyable facilité les manières bonnes ou mauvaises, l'accent, le langage, les goûts des personnes qui les entourent. A mesure que leurs connaissances s'étendent, que le sentiment du bien et du mal se précise dans leur conscience et que leur caractère personnel se forme, ce penchant cède tout naturellement : c'est même l'esprit d'indépendance et de résistance qui bien souvent le remplace. Le jeune homme dont les sentiments personnels sont ardents, la curiosité avide, la volonté mobile mais impétueuse, la vie physique enfin, comme la vie morale, exubérante, prétend surpasser tout le monde et n'imiter personne. Quelquefois cependant son imagination s'éprend d'un modèle dont il veut s'approprier les

1. Marc, *De la folie*, etc. Tome II, p. 406 et suiv.
2. *Ibid.*

beautés ou les mérites et qu'il copie sans le savoir. Il dit d'un certain personnage : c'est mon homme ; et il s'empare de ses pensées et de ses sentiments, triomphe de ses triomphes, etc. Il ne s'aperçoit pas qu'en réalité, c'est lui qui est l'homme de ce personnage, puisqu'il a presque renoncé à penser ce qu'il ne pense pas, à vouloir ce qu'il ne veut pas.... Il suffit en effet qu'il se représente en imagination ce que dit et ce que fait son modèle pour qu'il dise et fasse la même chose : il répète comme un écho.

N'est-il pas, sur ce dernier point, en particulier, quelques hommes faits qui parfois ressemblent à des jeunes gens et même à des enfants? Il est permis de le croire. En général pourtant, le penchant à l'imitation s'affaiblit avec l'âge. Mais il est certaines circonstances où l'imitation, sous l'empire de l'image, peut atteindre momentanément une vivacité plus ou moins grande : ce sont celles où le spectacle qui s'adresse à notre imagination répond à un sentiment déterminé, lequel est heureux de se satifaire. Avez-vous une âme charitable? ou bien êtes vous porté à la charité par un certain cours d'idées qu'un sermon, je suppose, vient de provoquer dans votre âme? Si quelqu'un vous donne alors l'exemple, vous serez incontestablement poussé, entraîné à l'imiter. C'est là une sorte de contagion morale à laquelle les nobles cœurs sont seuls prédisposés. Car, faites l'aumône devant un avare, et vous n'excitez que sa pitié ; la seule idée qu'il pourrait se laisser aller à une pareille faiblesse le fait souffrir. En vertu du même principe qui, restant le même, produit des effets opposés quand les circonstances sont opposées, la vue d'actes pervers amène l'accomplissement d'actes semblables chez les natures enclines au mal ou accidentellement tourmentées par une tentation plus forte que de coutume. Rarement il se commet un de ces crimes extraordinaires qui frappent l'imagination de la foule et sont l'objet de récits passionnés, sans que des crimes analogues se commettent coup sur coup sur différents points du territoire. Il faut en dire autant des suicides et des modes spéciaux de suicide[1]. L'imagination se trouve violemment fixée et est toute concentrée sur une idée à laquelle la ramenaient déjà trop souvent des tendances mal combattues ; une dernière impulsion s'ajoute ainsi à toutes les autres, et finalement l'œuvre fatal est accompli.

1. « Un suicide accompli en se jetant du haut des tours de Notre-Dame, de la colonne Vendôme, de l'Arc de triomphe de l'Étoile, du monument de Londres, a été plus d'une fois suivi de suicides semblables. Il y a un autre fait qui n'est pas moins curieux à noter, c'est l'impression que produit une mort de ce genre sur les esprits similaires ou harmoniques ; un frémissement de terreur les remue dans tout leur être ; car ils ont l'intuition que, placés dans les mêmes circonstances, leur vie n'eut tenu qu'à un fil. L'habitude de parler de sujets lugubres devant des organisations jeunes, impressionnables, suffisent aussi, sans l'exemple, pour exercer une action contagieuse sur l'imagination. » (Brierre de Boismont. *Le suicide et la folie suicide*, p. 141, 2.)

« L'imitation dans le suicide affecte, en général, la plus bizarre fidélité dans la reproduction de l'acte qu'elle copie. Cette fidélité ne s'étend pas seulement au choix des mêmes moyens, mais souvent au choix du même lieu, du même âge, et à la plus minutieuse représentation de la première scène. Sous l'Empire, un soldat se tue dans une guérite ; plusieurs autres font élection de la même guérite pour se tuer. On brûle la guérite et l'imitation cesse. Sous le gouverneur Serrurier, un invalide se pend à une porte ; dans l'espace d'une quinzaine de jours, douze invalides se pendent à la même porte. Par le conseil de Sabatier, le gouvernement la fait mûrer : la porte disparue, personne ne se pend plus. » (*Ibid.*, p. 141.)

Ainsi, l'imitation contagieuse obéit partout aux mêmes lois, qu'elle se borne à des actes relativement simples auxquels est toujours prédisposé tout organisme, ou qu'elle s'étende aux actes plus compliqués de la vie morale. Pour être entraîné à imiter, il faut que l'individu y soit préparé par une certaine sympathie au moins latente, et que nul sentiment antagoniste ne s'oppose aux effets de cette sympathie ni à l'appel que lui adressera, pour ainsi dire, l'exemple d'autrui par l'intermédiaire de l'image. Mais l'entraînement de l'image pourra encore être tout puissant sur les natures sans initiative, qui n'ont ni sympathies ni antipathies prononcées, qui ne désirent rien fortement, mais ne répugnent fortement à rien, et dont l'imagination, vide de toute conception personnelle, est aisément remplie et occupée par la représentation de tout ce que le hasard lui a permis de voir ou d'entendre.

Nous rencontrons là ce qu'on appelle à juste titre les faibles d'esprit[1]. Ce ne sont pas des imbéciles dans le sens médical, mais ce sont des gens sans énergie, sans volonté, qui réfléchissent peu, qui savent peu, qui ne sont en mesure d'opposer aucune contradiction bien solide aux absurdités qu'on leur raconte et aux

---

1. Les malades sont naturellement faibles d'esprit tant que dure leur maladie. Aussi sont-ils généralement crédules, et il serait facile soit de les effrayer, soit de les rassurer par de simples affirmations. Il va sans dire que nul ne peut exercer sur eux un tel pouvoir aussi fortement que leur médecin. Il agit sur eux presque aussi sûrement que le magnétiseur sur le magnétisé. « Si quidem fateri possum quantum verba medici dominentur in vitam agrotantis ejus que phantasiam transmutent. » (Baglivi, *Prax. méd.*, chap. XIV.)

conseils de toute nature qu'on s'amuse à leur donner. Une fois qu'on leur aura *suggéré* quelque imagination, ils auront de la peine à s'en défaire. Cette imagination ne sera ni forte ni brillante ; mais comme elle n'aura guère de contre-poids, son influence n'aura pas de peine à déterminer des actes plus ou moins bizarres.

Il est encore des gens qui, sans être aussi dénués d'entendement, sont particulièrement crédules. L'instruction leur manque plus que l'intelligence proprement dite, ou bien il est certaines questions sur lesquelles les lumières leur font défaut, et c'est justement sur ces points là qu'ils restent sans défense contre les avis et les récits du premier venu. Ignorants de toute médecine et de toute hygiène, ils accepteront toutes les recettes qu'on leur donnera. Les faiseurs de réclame n'auront point de lecteurs plus dociles et plus fructueux. Si leur esprit est porté vers les choses de la religion, sans qu'ils en aient approfondi ni les difficultés ni la véritable grandeur, ils seront les croyants nés de tous les miracles suspects. Mais ce qu'il faut bien observer, c'est que d'habitude, ces questions, où brille plus particulièrement leur ignorance, sont précisément celles qui les intéressent le plus, qui mettent le plus vivement en jeu leur curiosité superficielle, leur présomption, leur désir de paraître savoir quelque chose et d'être quelque chose. Pour tout le reste, en effet, ils ne sont ni crédules, ni incrédules ; ils sont indifférents, ils ignorent.

La superstition, c'est-à-dire le respect des fausses autorités et la croyance à de faux devoirs, est une conséquence naturelle de la crédulité. Beaucoup de superstitions, il est vrai, sont l'œuvre collective d'un peuple ou d'une caste et de plusieurs générations ; elles ont marqué leur trace dans la vie sociale, dans les lois, dans les habitudes nationales, tout au moins dans les sentiments et dans les pratiques du milieu dans lequel on vit. L'individu a souvent peine à lutter contre des influences si nombreuses. Ces superstitions ont produit des conséquences qui, à leur tour, sont acceptées sans discussion, qui ont pour elles l'autorité des choses établies et dont la durée, à elle seule, paraît aux esprits une preuve de la solidité des fondements sur lesquels elles reposent. Et nous ne disons pas cela seulement des religions absurdes ou des croyances parasites abritées çà et là par le christianisme, nous le disons des superstitions littéraires artistiques, politiques et autres. Une fois qu'elle sont ancrées dans les esprits, le raisonnement n'a sur elles aucune prise ; il ne peut rien pour les détruire, précisément parce qu'il n'a rien fait pour les former. Ce qui est né de l'observation et de la réflexion peut succomber devant des observations nouvelles et devant des réflexions plus profondes. Ce qui fut édifié par la seule imagination ne peut être renversé que par une autre imagination plus puissante. Or, pourquoi tel ou tel, sans y être déterminé par une autorité suffisante, croit-il une chose qu'il ne peut s'expliquer d'aucune façon ? Tout simplement parce qu'il y croit. C'est ainsi que des personnes, intelligentes d'ailleurs et instruites, ne veulent pas se trouver treize à table. « Pourquoi ? leur demandez-vous. — Parce que cela me répugne, répondent-elles tout simplement, n'osant vous dire :

Cela m'effraye. En fait, elles sont habituées à se représenter sous un jour plus ou moins sinistre une table entourée de treize convives. Comme dit le bon sens populaire, c'est affaire d'imagination.

La crédulité entraîne encore d'autres conséquences non moins fâcheuses. Certaines personnes sont portées à se représenter très-vite et avec vivacité tout ce qu'on leur raconte, tout ce qu'on leur insinue, tout ce que la suite précipitée de leurs conjectures les porte à soupçonner. On leur affirme qu'un tel a fait ou dit ceci ou cela. Instantanément elles le voient, elles l'entendent; elles improvisent dans leur tête les reproches, les réfutations, les répliques; elles voient déjà les conséquences de la rupture; elles préparent le châtiment ou la vengeance. C'est ici souvent que les effets de cette promptitude doivent donner à réfléchir. Quelquefois, il est vrai, l'individu ainsi emporté n'est que ridicule. Il l'est d'autant plus que, voyant si bien ce qui n'est pas, il ne voit pas ce qui est. L'imagination et la pensée ne peuvent être à tout : on se crée loin de soi des ennemis imaginaires, on est trompé par son voisin ou par un soi-disant ami intime... Mais d'autres fois des actes irrémédiables sont commis. Un paysan marié depuis peu (ce fait m'est personnellement connu), boit, cause et rit avec plusieurs camarades. Ceux-ci, en matière de plaisanterie, s'avisent de lui raconter que sa femme le trompe. Il se lève, part et la tue. N'est-ce pas là, d'ailleurs, avec ou sans le dénouement, l'histoire de bien des jalousies ? Il suffit souvent qu'on se représente une chose avec vivacité pour qu'on y croie, faiblement d'abord.... mais, encouragée par ce commencement de conviction, l'image par laquelle on a débuté s'agrége et s'associe d'autres images qui la complétent ; elle s'étend ainsi, comme nous avons vu que fait l'hallucination chez les fous ; à son appel, la sensibilité se trouble et les passions s'allument. Suivant les caractères et les natures d'esprit, cet emportement peut être remplacé par l'abattement et le désespoir. Alors il n'y a plus menace de meurtre ou de violence, il y a péril de suicide. Mais, dans un cas comme dans l'autre, la promptitude à imaginer fortement ce que l'on n'a pu sûrement ni constater ni se prouver à soi-même est une disposition des plus dangereuses ; elle fausse le jugement, corrompt la sensibilité et ne laisse plus à la volonté de véritable autonomie.

Le rêveur est un être plus inoffensif et qui, à ce qu'il semble, se fait moins de mal à lui-même. Le rêveur est un homme qui aime à se représenter sous des contours flottants, et avec des couleurs indécises, les choses qui lui agréent. Il en enchaîne les représentations, non pas tout à fait au hasard, mais au gré de ses humeurs et de ses caprices du moment, et dans un ordre peu rigoureux que sa pensée n'a pas trop souci de retrouver parce qu'elle a peu travaillé à l'établir. Les satisfactions qu'il se procure ainsi sont légères, mais elles sont proportionnées à la mollesse de son tempérament et aux exigences modérées de ses diverses facultés. Il se représente déjà comme achevé un travail qu'il n'a même pas la force de continuer. Il voit la fortune lui sourire et il ne fait rien pour la mériter. Il attend l'invraisemblable, il souhaite l'impossible, et il ne fait rien pour s'assurer de ce qu'il devrait et pourrait aisément obtenir.

Cette liste pourrait encore être étendue et se grossir des gens à projets, des gens qui *se frappent*, des gens qui ont leur idée fixe, sans toucher toutefois à la folie. Tous ces genres d'esprit, que nous venons d'essayer de décrire ont, il est aisé de le voir, un trait commun. Chez eux, l'image n'est ni préparée, ni contrôlée, ni élaborée par l'esprit; c'est elle qui s'impose à l'esprit et qui l'entraîne ; elle ne trouble pas gravement, il est vrai, l'ensemble des fonctions intellectuelles, elle les provoque même à l'action, autant qu'il le faut pour qu'elle s'en serve, mais elle les empêche de se développer librement et elle en compromet ainsi la force et la fécondité.

VII

Lois principales de l'action des sens sur les images, et de l'action des images sur les sens.

Pour savoir exactement quel est le rôle de l'image et son mode d'action dans la vie commune, il nous faudra chercher comment l'action libre de l'esprit lui résiste et ce qu'il fait d'elle une fois qu'il s'en est rendu maître. Mais, avant d'en venir là, il sera utile de marquer les lois principales de l'image proprement dite, abstraction faite des exagérations dont nous venons de terminer l'examen. Le souvenir que nous avons gardé de cette dernière étude nous servira d'ailleurs puissamment. Ces états, dira-t-on, étaient des états de trouble et de maladie. Sans doute ; mais la maladie de l'être total ou de l'ensemble de l'intelligence consistait précisément en ceci que les autres facultés psychiques étaient momentanément arrêtées ou affaiblies. L'imagination alors ou agissait seule ou exerçait une domination anormale, elle rendait ainsi l'ensemble malade et elle en troublait les lois ; mais elle agissait toujours, quant à elle, d'après les lois qui lui sont propres. La nature de son action n'était ni altérée ni métamorphosée; elle était simplement agrandie par le manque de résistance ou la réduction plus ou moins complète des autres fonctions avec lesquelles elle doit habituellement concourir pour réaliser le type complet de l'intelligence humaine. Nous pouvons donc nous tenir pour convenablement préparés à démêler les lois principales de l'image.

L'image est un phénomène mixte, intermédiaire, médiateur même, si l'on veut, entre les sens et l'esprit. Mais nous n'avons guère pu voir jusqu'à présent que ses rapports avec les sens. Comment donc les sens agissent-ils sur elle, et comment agit-elle sur les sens? Nous sommes en mesure, croyons-nous, de répondre à cette double question :

Les sens agissent sur l'imagination en déterminant : 1° La quantité des images ; 2° leur qualité ; 3° la nature propre et spéciale d'un grand nombre d'entre elles.

1. Puisque les images ne font que reproduire avec plus ou moins de force et plus ou moins d'ordre les sensations éprouvées, il est clair que celui qui a recueilli et recueille des impressions nombreuses, doit avoir, toutes choses égales d'ailleurs, une imagination plus riche et plus variée. Privez quelqu'un d'un sens, rendez-le sourd ou aveugle, vous tarissez la source de ses images. Si l'activité de son intelligence ou un certain surcroît de vie dans les sens demeurés intacts ne viennent pas y suppléer, les matériaux de sa vie psychique doivent nécessairement diminuer. Quiconque veut être un peintre apte à disposer sur sa toile autre

chose que de sèches allégories ou des abstractions mal coloriées, doit avoir beaucoup voyagé, beaucoup vu, beaucoup comparé. Et encore ces comparaisons ne seront-elles fécondes que si son système visuel est tel que les lignes et les couleurs l'occupent, lui agréent, qu'il en découvre aisément et en remarque avec plaisir les diverses nuances... Pour avoir ce qu'on appelle des idées musicales, c'est-à-dire *tout au moins* des images acoustiques assez nombreuses et assez vivantes pour se prêter à des combinaisons multiples, il faut d'abord avoir le sens de l'ouïe bien organisé, puis il faut avoir beaucoup entendu. Les organisations chez qui l'image semble devancer la sensation, ont hérité, n'en doutons pas, des aptitudes préparées et perfectionnées dans les organisations de leurs ancêtres.

Puisque les sens lèguent à l'imagination ces impressions persistantes qui alimentent son action, il faut donc que les occasions de s'exercer sur des objets assez multiples et assez divers lui soient fournies par le milieu, par les habitudes de l'individu. L'homme du Midi vit généralement plus au dehors; il commerce plus souvent avec les objets extérieurs, avec le soleil et la lumière; aussi a-t-il incontestablement plus d'images que l'homme du Nord. Celui-ci vit plus enfermé dans sa demeure, il réfléchit plus profondément, il travaille plus activement, avec une énergie plus soutenue, à combiner les images qui hantent son cerveau, et c'est par là seulement qu'il peut reprendre l'avantage[1].

---

[1]. Ce n'est pas qu'il soit privé des bienfaits de ce soleil nécesssaire à toute vie, mais il les reçoit surtout sous des formes qui exigent les

2. La nature des sensations éprouvées détermine la qualité des images. Il est des images gaies, il en est de tristes : voilà d'abord des qualités dont tout le monde a l'expérience et comprend la nature. Mais tout le monde sait également à quel point elles dépendent des sens tant internes qu'externes. La nature humaine craint généralement la lutte. Si elle la brave quelquefois, c'est qu'elle n'y voit qu'une suite d'occasions favorables pour développer plus brillamment la supériorité qu'elle s'attribue : il faut pourtant que cette lutte soit passagère et que l'individu n'en sorte pas affaibli, autrement il aurait vite fait de s'en dégoûter et de la fuir. Mais il est un combat qui nous est particulièrement pénible, c'est celui que nous soutenons avec nous-mêmes. Les divers éléments qui constituent notre être complexe veulent, pour ainsi dire, s'accorder et se mettre à l'unisson les uns des autres, en même temps que chacun d'eux tend à vivre pour lui, de sa vie propre. Si, attirés par un idéal supérieur, par l'espérance de voir se réaliser les promesses que cet idéal contient, notre libre volonté prend la direction de notre vie, peu à peu les différentes énergies de notre être cessent de se développer au hasard ou dans des sens divergents : elles tendent à un même but, elles concourent, par des associations et des sympathies qui s'affermissent de jour en jour, à développer un état général dont l'unité fait la puissance. Les

---

efforts d'une industrie laborieuse et incessante. Il en recueille et s'en assimile l'énergie accumulée dans les forêts carbonisées du sol, dans les végétaux et dans les animaux dont il se nourrit, dans les boissons fermentées, etc.

sens eux-mêmes s'accommodent dans une large mesure à cet état général : la résistance ou l'opposition qu'ils peuvent y faire dans certains cas se réduit insensiblement. Cette direction manque-t-elle, l'effort de l'esprit pour maintenir le groupement et la direction des forces vers un même but vient-elle à tomber? L'être cherche toujours une certaine unité. Seulement, cette fois, qui la lui donnera ? sa faculté prédominante. L'image prend-elle un relief extraordinaire? Les sens deviennent ses subordonnés, nous en avons vu des exemples nombreux et frappants. Mais dans l'état ordinaire du commun des hommes (c'est là le point où nous en sommes arrivés) les sens, qui ont des occasions si nombreuses de s'exercer, donnent le ton : leurs désirs sont satisfaits du mieux possible, et leurs exigences sont écoutées ; les images se mettent d'accord avec les sensations dominantes, et elles se succèdent fortes ou faibles, ternes ou brillantes, tristes ou gaies, fugitives ou durables, suivant que les diverses vicissitudes des fonctions des sens provoquent dans l'être tout entier accélération, ralentissement, irrégularité des fonctions de la vie.

La mélancolie, c'est-à-dire l'habitude de se représenter les choses de la vie sous des aspects indécis et nébuleux, mais plutôt attristants (parce qu'on n'y trouve rien qui tente l'activité), la mélancolie peut très-bien n'avoir que des causes purement morales. Mais souvent aussi, elle reconnaît une cause toute physique, et elle ne devient dans tous les cas une vraie maladie que sous l'action d'un désordre positif ou d'une dépression sensible des organes. Rien donc n'est à négliger dans l'organisation, même au point de vue du moral. Aucune fonction ne présente chez les aliénés autant d'anomalies que la digestion : il n'en est de même aucune dont les petites irrégularités ou dont les maladies, graves ou légères, modifient plus évidemment les caractères. C'est que c'est là la fonction maîtresse par excellence, celle qui, avec les aliments bien ou mal assimilés, donne ou refuse à tous les organes les moyens de vivre et d'agir. Que nous sentions avec une faim agréablement apaisée la vie renaître en nous facile et puissante, tout nous semblera possible; car nous mesurons volontiers les possibilités sur le sentiment de la force disponible, et la vivacité de ce sentiment varie elle-même suivant la comparaison que nos organes établissent entre leur état actuel et celui auquel il succède. Le sentiment d'une force réparée, c'est la confiance, c'est l'espérance ! Mais espérer, n'est-ce pas se délecter par anticipation dans la vue du plaisir qu'on se promet et qu'on se représente déjà pour le posséder en esprit et pour en jouir avant même qu'on ait pu le réaliser? Les conditions sont-elles autres? Sentez-vous que le renouvellement de la vie ne s'opère pas de manière à maintenir ou à développer les forces acquises? Une crainte vague vous saisit de voir se tarir en vous des sources de plaisir et d'action : ce sont les sujets de crainte et de soucis qui, par une association involontaire, dont souvent vous ne vous rendez même pas compte, remplissent désormais votre esprit d'images attristantes.

De ces observations bien faciles à vérifier, il résulte

que l'*action* exerce aussi sur les images une influence considérable. — Nous pouvons parler ici de cette influence de l'action en même temps que de celle des sens ; car le sentir et l'agir sont étroitement unis. — Les paresseux s'ennuient tous. S'ils revent à de certaines jouissances qui exigeraient quelque effort, ils ne se sentent pas le courage de sortir de leur apathie pour les gagner. De là leur secret dépit contre les nécessités de la vie et contre eux-mêmes. Ou bien, s'ils se résignent à leur insuffisance, leur imagination se meut lentement dans un cercle étroit et restreint, ramenée toujours aux mêmes images, s'habituant à elles de plus en plus, devenant de plus en plus incapables et de s'en passer et d'en jouir. Exerçons-nous une action compliquée demandant des efforts multiples et des aptitudes quelquefois contradictoires (et c'est à quoi nous condamne souvent l'ambition) ? nous ne pouvons nous abandonner longtemps aux mêmes espérances : brusquement arrachés au rêve que nous caressions, sans cesse obligés de faire face à quelque tâche nouvelle, notre imagination prend des allures saccadées, elle ne laisse en paix aucune de nos facultés physiques ou morales. Qu'un ouvrier, un artiste, un travailleur enfin suffisamment habile et de plus honnête et modeste, soit occupé toujours au même travail, qu'il y réussisse au gré de ses besoins, son imagination restera calme, revenant toujours sans difficulté au sentiment du réel. Rien ne vaut l'action suivie, constante et modérée pour assurer, autant du moins qu'elles le peuvent être sur terre, ces conditions dont parle Bonstetten quand il dit : « Il suffit d'avoir de la santé et de n'être dominé par rien, pour se sentir en paix avec ses idées et par elles avec tout l'univers. »

3. Enfin, nous n'avons pas besoin de le démontrer, les sens et les habitudes que leur imposent tant leur état propre que le milieu dans lequel ils s'exercent, influent sur la direction particulière de notre imagination. Celui qui est *organisé* pour la musique doit toujours être porté à chanter intérieurement ses pensées ou du moins à les rythmer, à les moduler, à se figurer à lui-même ses sentiments intérieurs sous la forme d'une harmonie ou d'une mélodie. Celui qui est organisé pour la peinture se dessine avec largeur et fierté ou avec des détails délicats et finis tous les horizons que s'ouvre son esprit : il y répand des ombres ou de la lumière, il les colore, et ainsi de suite.

Ainsi, en résumé, l'imagination, quand aucune cause particulière ne lui donne un surcroît de force, tend à se mettre d'accord avec les sens et avec le mode présent de leur vitalité.

Mais ceci a une contre-partie. Les sens eux aussi tendent à se mettre d'accord avec les images; et dans bon nombre de circonstances, c'est par l'obéissance des sens à l'image que l'accord, besoin constant de l'être humain, se réalise.

Nous ne voulons pas recommencer ici les études et les descriptions qui nous ont fait voir les effets de cette loi à l'état saillant dans les suggestions du somnambulisme, dans l'extase, etc., etc. Nous voudrions ici décomposer en quelque sorte cette loi, et, pour achever de la faire comprendre, nous appuyer sur des faits parfaitement vérifiables pour tout le monde. Or, voici les différentes lois élémentaires qu'il est permis, croyons-nous, de grouper autour de cette loi principale :

1° L'imagination d'un mouvement produit une tendance à exécuter ce mouvement et le fait au moins ébaucher. M. Chevreul, dans son curieux ouvrage sur la Baguette divinatoire et le Pendule dit explorateur[1], a donné une sorte de démonstration expérimentale de cette loi. Vous tenez un pendule à la main, et en le regardant vous pensez à un mouvement possible, de gauche à droite, je suppose.. : aussitôt, sans faire aucun effort, vous voyez le pendule se mouvoir de gauche à droite ; il le fait sous une poussée imperceptible et certainement inconsciente de votre main. Imaginez un mouvement inverse, de droite à gauche, le pendule, après quelques oscillations saccadées, se meut de droite à gauche, lentement d'abord, plus rapidement ensuite. Imaginez enfin l'arrêt du mouvement, et le mouvement s'arrête. Est-ce la volonté qui produit de tels effets? Non. C'est bien l'imagination élémentaire, l'imagination liée au sens plus qu'à la raison, c'est la représentation ou image pure et simple, et en voici les preuves intéressantes. Bandez-vous les yeux ou éloignez le pendule de votre vue, et le phénomène cesse : la volonté la plus énergique est impuissante[2] à

---

1. Chevreul, *De la baguette divinatoire, du pendule dit explorateur et des tables tournantes, au point de vue de l'histoire, de la critique et de la méthode expérimentale.* Paris, Mallet-Bachelier, 1854.

2. Impuissante, voulons-nous dire, à déterminer le mouvement autrement qu'avec les moyens ordinaires, par une poussée consciente et ostensible. Les mouvements volontaires et les mouvements involon-

le reproduire. Tenez deux pendules, un à chaque main, et ne regardez qu'un des deux : celui-ci seul obéira à l'impulsion de l'imagination ; l'autre, tenu hors de la portée des yeux, oscillera au hasard, et la volonté n'y pourra rien. Ainsi donc, l'image ou représentation d'un mouvement détermine dans les organes une tendance efficace à ce mouvement, en dehors de l'action de la volonté.

M. Chevreul a fort heureusement rattaché à cette expérience l'explication de bon nombre de manœuvres tenues longtemps pour mystérieuses. D'après une superstition populaire qui remonte à une très-haute antiquité, certaines personnes étaient réputées capables de découvrir des sources cachées, de retrouver des objets perdus, etc. Elles tenaient à la main une baguette de coudrier.... Une baguette quelconque, on va le voir, eût fait l'affaire, mais cette condition ne contribuait pas peu à donner à la pratique usitée son caractère de spécifique ; il en est ainsi pour beaucoup de remèdes populaires et de superstitions médicales...

---

taires diffèrent si bien qu'ils sont très-souvent en antagonisme et se nuisent réciproquement. Ajouter son propre effort, attentif et voulu, à l'exécution de mouvements qui d'habitude s'exécutent sans qu'on y pense, c'est le moyen, non pas de perfectionner ces derniers, mais de les arrêter. C'est ce qui explique sans doute, au moins en partie, la difficulté qu'éprouvent certains personnes à avaler des pilules M. Darwin, qui fait cette observation, la corrobore d'une expérience personnelle assez piquante. « Je fis, dit-il, avec une douzaine de jeunes gens une petite gageure ; je pariai qu'ils priseraient sans éternuer, bien qu'ils m'eussent déclaré qu'en pareil cas ils éternuaient toujours. En conséquence, ils prirent tous une petite prise ; mais comme ils désiraient beaucoup réussir, aucun d'eux n'éternua, bien qu'ils eussent des larmoiement ; et tous, sans exception, durent me payer le pari. » (Darwin, *De l'expression des émotions*, trad. franç., p. 59.)

Bref, on tenait une baguette de coudrier, et quand la baguette remuait dans la main, c'était signe que la source, si c'était de source qu'il s'agissait, était là.... ou devait y être. Si elle n'y était pas, il ne restait qu'à trouver à qui était la faute; car, bien entendu, ce n'était jamais celle de l'opérateur. C'est là un procédé qu'on emploie encore dans certaines de nos campagnes. Or, il n'est pas même nécessaire de supposer le cas, fréquent néanmoins, d'une supercherie. La main du devineur d'eau peut, sans le concours de sa volonté et par l'action insensible de son imagination, faire mouvoir la baguette comme nous faisons mouvoir le pendule, sans lui imprimer aucune impulsion proprement voulue. L'opérateur arrivait-il en un endroit où la végétation, la disposition des lieux lui faisaient, grâce à quelques souvenirs tout empiriques ou à quelques vagues notions d'histoire naturelle, présumer la présence d'une source? Son imagination émue s'attendait à voir remuer la baguette, et la représentation mentale de ce mouvement attendu était précisément ce qui le produisait.

Le même M. Chevreul, et à sa suite bon nombre de naturalistes et de physiciens éminents, ont encore expliqué de la même manière le phénomène aujourd'hui à peu près oublié des tables tournantes. On sait en quoi consistait cette sottise. Un cercle d'individus, gens crédules mêlés à quelques plaisants et à quelques charlatans qui exploitent la naïveté publique, se tient debout, les mains posées sur les bords de la table qu'ils entourent. C'est un bruit universel que les tables tournent sous la seule apposition des mains :

toutes les imaginations se représentent le mouvement annoncé, les mains sont donc entraînées à exercer une pression involontaire et inconsciente. Tenez compte maintenant de la loi des effets accumulés, en vertu de laquelle de très-légères impulsions qui se répètent et se multiplient déterminent des déplacements considérables, et vous avez l'intelligence de ce qui se produit alors. La table commence à être remuée, faiblement sans doute, mais assez pour ébranler à leur tour les imaginations mêmes qui résistaient, et bientôt les entraîner toutes. De même que dans la contagion nerveuse, le rire entraîne un rire modéré d'abord, mais qui s'accélère de lui-même et peut arriver jusqu'au spasme, de même ces tensions d'imagination développent avec une intensité croissante la tendance au mouvement des muscles de la main, le mouvement inconscient de ces muscles, et enfin, sous leur pression, le mouvement rotatif de la table.

Mais, dans l'expérience du pendule, il suffit que l'imagination se représente l'arrêt du mouvement pour que le mouvement s'arrête. Ainsi en est-il dans les tables tournantes, et de là résulte le phénomène le plus étonnant en apparence, mais le plus simple en réalité. Après avoir fait tourner les tables, on a voulu les faire parler. On traçait sur le parquet des caractères, des chiffres, des signes de toute espèce, et la table dirigeant son pied sur les divers signes formait peu à peu ses réponses.... où l'on a toujours retrouvé les préoccupations, les désirs, le style particulier et jusqu'aux fautes d'orthographe habituelles de ceux qui par la pression involontaire de leurs mains et la tension de leur imagination conduisaient la table à leur insu.

Les faits que nous venons d'analyser ne sont que des exemples d'une loi qui agit dans un très-grand nombre d'occasions. Ainsi, M. Chevreul cite encore le cas significatif du joueur de billard suivant de l'œil la boule qu'il vient de pousser, portant son corps en avant, tendant la main dans la direction qu'il eût voulu voir suivre à cette bille, comme s'il lui était encore possible de la diriger...[1] Il y a dans nos muscles une tendance au mouvement qui n'est pas, il s'en faut, une pure possibilité abstraite[2]. Dans ceux-là surtout de nos organes qui servent à la locomotion, il y a toujours un commencement de mouvement plus ou moins prêt à s'accentuer et à se laisser conduire dans une direction ou dans une autre, à la moindre excitation. Cette excitation, l'image la donne. Aussi, comme l'observe Gratiolet, « il est impossible de voir, d'écouter, de flairer, de goûter quelque chose en imagination sans exécuter en même temps un indice des mouvements qui, dans la sphère des actions extérieures, correspondent à ces actions. »

Tout cela n'est pas seulement vrai des mouvements

---

1. Dugal-Stewart (*Eléments de la philosophie de l'esprit humain*, trad. L. Peisse, t. III, p. 131, fait la même observation au sujet du joueur de boules et il cite ces vers d'Addison :

> At si forte globum, qui misit, spectat inertem
> Serpere, et impressum subito languescere motum,
> Pone urget sphæræ vestigia, et anxius instat,
> Objurgat que moras *currentique imminet orbi.*

2. Voyez notre ouvrage intitulé : *L'homme et l'animal,* 2ᵉ partie (De la vie animale en général).

extérieurs ou de relation. Les mouvements internes qui s'accomplissent dans un organe et pour lui sont soumis à la même influence. Un médecin, préoccupé de certaines sensations ressenties du côté du cœur, examinait fréquemment son pouls. Au bout de quelque temps apparurent tous les symptômes de la cardiopathie la plus grave. On lui prescrivit entre autres choses de ne plus examiner son pouls. Il obéit, et la guérison fut rapide.

Autre fait analogue. Un médecin connu pour la vivacité de son imagination, éprouva après le dîner un léger malaise. Il examina son pouls et crut trouver une ou deux intermittences. Cette circonstance l'inquiéta, il devint attentif, et plus son attention fut excitée, plus il constata d'intermittences. Cela en vint au point que de six pulsations il en manquait au moins une. Tout à coup il aperçut dans son gilet un bouquet de violettes à moitié desséchées. L'idée lui vint que l'odeur des violettes avait causé tout ce désordre, il les jeta loin de lui, et le rhythme régulier des battements du cœur reprit comme par enchantement sa marche habituelle [1].

2° S'il suffit de se représenter un mouvement pour être amené à l'exécuter, il suffit aussi bien souvent d'imaginer une sensation pour l'éprouver en réalité. Cette seconde loi tient de près à la première; car la sensation et le mouvement — les derniers faits que nous venons de citer en sont des exemples — sont fortement liés l'un à l'autre. La sensation suppose tou-

---

1. Gratiolet, *Anatomie comparée du système nerveux*, etc. Tome II, et *De la physionomie*, p. 254.

jours une modification avantageuse[1] ou nuisible dans l'activité de l'organe qui l'éprouve. L'idée du froid fait frissonner ; la vue et même la seule pensée d'un citron donne un avant-goût d'acidité au point d'activer la sécrétion salivaire. On voit encore là bien clairement le mélange de la sensation et du mouvement. Il n'est pas moins réel dans ces cas mille fois cités de sécrétions exagérées ou taries, de constrictions spontanées du derme, de pâleurs subites, de superpurgations produites par des pilules de mie de pain prises pour de vraies pilules pharmaceutiques. On dit à une femme qu'elle va respirer du protoxyde d'azote et on lui fait respirer de l'air atmosphérique. Elle n'en tombe pas moins en syncope après plusieurs aspirations[2]. Nous touchons ici aux phénomènes constatés chez les malades imaginaires et au phénomène inverse de la confiance et de la foi dans les guérisons. « C'est, disait Bailly dans son célèbre rapport sur le magnétisme animal, c'est un adage connu que la foi sauve en médecine : cette foi est le produit de l'imagination ; alors l'imagination n'agit que par des moyens doux; c'est en répandant le calme dans tous les sens, en rétablissant l'ordre dans les fonctions, en ranimant tout par l'espérance. » Il n'est personne qui n'ait eu occasion de faire à ce sujet des observations réitérées. Aussi nous paraît-il superflu d'insister[3].

1. Momentanément tout au moins. Il est des avantages passagers qui se paient très-cher par les désordres qu'ils amènent dans la suite, et réciproquement il est des modifications qui ne sont nuisibles que passagèrement et localement.
2. Müller, *Physiologie* (trad. p. Jourdan), tome II, p. 545.
3. Arrêter sa pensée sur l'un de ses organes, c'est y activer la cir-

3° Une troisième loi peut être formulée en ces termes. Tout mouvement expressif développe un état d'imagination qui tend à faire éprouver dans une certaine mesure le sentiment exprimé. Ce n'est pas ici le lieu de chercher une explication scientifique de ce qu'on nomme l'expression. Contentons-nous de l'idée suffisamment claire que nous en concevons tous. D'habitude, sans doute, le courant psychologico-physiologique va du sentiment aux signes extérieurs qui le manifestent et l'expriment. Mais il s'établit bien vite entre ces divers phénomènes une association telle que l'esprit remonte aisément des seconds aux premiers. Quand une cause accidentelle quelconque fait naître une partie seulement de cet état mixte, on incline inévitablement et malgré soi à se replacer dans l'état total. Ainsi, le rire, même involontaire, provoque la gaieté, comme les cris irritent la colère, et ainsi de suite. Sortez-vous d'une assemblée tumultueuse, avez-vous encore l'imagination toute remplie de gestes me-

---

culation, c'est bientôt en exagérer la fonction. M. Darwin a ainsi expliqué fort ingénieusement la rougeur. Nous croyons que chacun nous regarde avec une curiosité particulière. Nous ramenons alors notre pensée sur notre propre visage et la circulation du sang s'y accélère.

C'est encore à la même loi qu'on a voulu ramener les phénomènes de *stygmatisation* présentés par certains mystiques. A force de se représenter leurs pieds et leurs mains comme frappés des mêmes plaies que Jésus-Christ dans sa passion, ils y attiraient un afflux sanguin d'où résultaient peu à peu des rougeurs, des ulcérations, finalement des plaies réelles. Le fait suivant paraît authentique il a été rapporté par l'illustre et malheureux amiral Franklin) Un Esquimau, ayant perdu sa femme, éprouva un si vif désir de pouvoir allaiter son enfant privé de sa nourrice, que le lait se forma dans ses mamelles et qu'il put nourrir quelque temps la jeune créature. (*Revue Britannique*, année 1858, t. XVI, p. 52.)

naçants et de clameurs violentes, vous avez certainement bien de la peine à vous maintenir dans des dispositions d'esprit pacifiques. C'est que tout sentiment suppose un certain nombre de manières d'être élémentaires groupées entre elles, une certaine variété de souvenirs, d'espérances, d'aversions, de désirs, de craintes, qui, se rapportant au même objet, excitent, aiguisent, entretiennent l'état général ou dominant. Or, il va de soi que toutes ces petites émotions partielles causées par un objet absent, c'est-à-dire, ou par un objet éloigné, ou par un fait, soit passé, soit à venir, ne sont pas possibles sans images. Que l'une ou l'autre des images qui s'associent ou naturellement ou par habitude à une passion déterminée vienne à renaître dans l'esprit, les autres seront évoquées et elles reproduiront en tout ou en partie la passion même. Mais quoi de plus propre à évoquer bon nombre de ces images que les mouvements extérieurs si fréquemment liés à elles et qui ont la vertu de les propager de personne à personne? On a fait reposer sur ces observations une théorie aussi solide que belle de l'éducation physico-morale de l'enfant. Comment la duplicité et l'hypocrisie donnent-elles l'habitude de regarder de travers et en dessous? C'est une question à examiner: quant au fait, il n'est pas douteux; mais ce qui n'est pas moins sûr, c'est que des enfants qui commenceraient, par imitation ou par contrainte, à regarder habituellement en dessous ou de travers seraient par là même exposés à devenir sournois ou menteurs. Il faut donc habituer l'enfant, dit Gratiolet, à regarder toujours en face, la tête modérément élevée, l'œil ouvert. Qu'il s'accoutume, en un mot, à tenir toujours libres, devant tous, les accès de son âme et de sa pensée. De telles attitudes ne se concilient pas avec les sentiments qui s'expriment par des attitudes toutes contraires. Accoutumez l'enfant aux attitudes franches et honnêtes : elles contribueront, n'en doutez pas, à affermir en lui la franchise et l'honnêteté des sentiments.

Cette liaison des mouvements expressifs et des sentiments est si étroite, que quand nous voulons sympathiser avec quelqu'un il nous arrive de reproduire ses gestes, les traits de sa physionomie ses poses. C'est même souvent un moyen de faire naître en nous à un degré suffisant et qui satisfasse les convenances cette sympathie que notre égoïsme ou notre indifférence tarde un peu à éprouver. Lisons-nous le récit d'un événement qui nous émeut, non-seulement nous voyons et entendons les personnages ; mais il nous semble peu à peu que nous agissons et que nous parlons comme eux et avec eux : nos gestes même en font foi. Si nous lisons ce récit, non pour nous seuls et à voix basse, mais pour un public qu'il s'agit d'intéresser, ces gestes deviennent nécessaires pour faire naître en nous une émotion communicative qui réunisse, pour ainsi dire, dans une même sympathie et nos auditeurs et nous-mêmes et les personnages réels ou imaginaires dont nous nous sommes faits les interprètes.

4° La nature peut aller plus loin encore. Se représenter à soi-même un mouvement expressif, sans le voir, cela suffit bien des fois pour provoquer en nous quelque chose du sentiment exprimé. Reposez votre pensée sur des images riantes, chassez de votre esprit es peintures lugubres, effacez de votre imagination es traits mêmes de ceux qui vous ont fait du mal et contre lesquels vous conservez un ressentiment trop vif, ne vous représentez plus cette scène violente dont la peinture suffit encore pour vous troubler.... Qui n'a pas donné ou reçu dans sa vie de semblables conseils dictés par la conscience obscure et irréfléchie de de la vérité que nous exposons ?

5° Résumons maintenant ces différentes lois dont nous venons de donner une première explication. Qu'est-ce qu'imaginer un acte — un acte vertueux — un acte coupable — un acte habile — un acte de désespoir ? C'est se représenter à la fois la suite des mouvements nécessaires pour l'accomplir, les sentiments que cet acte suppose ou entraîne, l'expression enfin que doit naturellement revêtir la physionomie de celui qui l'exécute. Il n'est donc pas étonnant qu'on puisse poser, grâce à une sorte de synthèse, la loi suivante : La seule imagination d'un acte incline à l'exécution de cet acte. Que fait un marchand quand, pour vous faire acheter sa marchandise, il vous en vante les mérites ou vous en fait lire incessamment les noms dans les annonces ? Il vous en occupe l'imagination et cherche ainsi à créer en vous un penchant involontaire qui vous conduise jusqu'à sa caisse. — Qui se familiarise avec l'idée du péché commet le péché, suivant cette maxime de l'*Imitation de Jésus-Christ* : « D'abord une simple pensée s'offre à l'esprit, puis une vive imagination ; ensuite le plaisir et le mouvement déréglé et le consentement[1]. » Mais à défaut d'une imagination vive, il suffit malheureusement d'une imagination prolongée et par cela même dominante. En effet, les images capables de faire contrepoids à celle-là s'évanouissent peu à peu. Nous perdons l'habitude de les évoquer ; tout notre être physique et moral s'adapte, par une lente et insensible métamorphose, aux exigences de l'image exclusivement contemplée ; les sentiments et les images secondaires qui s'accordent avec elle se développent et se consolident. Au bout d'un certain temps, tout en nous est prêt pour l'acte conçu, et nous l'accomplissons finalement presque sans trouble, tant il nous est devenu *naturel*. Qu'on nous pardonne de nous répéter, la pudeur préserve les mœurs parce que la pudeur craint précisément de se représenter les actes défendus ; elle souffre des images même les plus vagues que provoquent les exemples et les discours d'autrui. « Voilà pourquoi il est dangereux de détruire la pudeur, à moins de la remplacer par une suite d'idées bien comprises que l'intelligence et l'imagination soient heureusement condamnées à parcourir avant de se résoudre à mal faire. »

6° Nous n'avons enfin qu'un pas bien court à faire pour arriver à cette dernière loi : La vue ou l'audition d'actes qui s'imposent à l'imagination poussent à l'exécution de ces mêmes actes. L'imitation, dont nous avons parlé plus haut, est déjà l'un des effets les plus remarquables de cette loi, comme les suggestions,

---

[1]. *Imitation de Jésus-Christ*, I, 13.

dans le somnambulisme, étaient l'un des effets les plus intéressants des lois précédentes. Mais ici nous ne parlons plus que de faits relativement connus et vulgaires, n'impliquant aucun état pathologique. Or, si la vue ou le récit de suicides accomplis dans des circonstances dramatiques ont pu déterminer certaines personnes au suicide, c'est-à-dire à un acte terrible pour elles-mêmes, comment la vue ou le récit d'homicides, de vols, d'incendies, ne pousseraient-ils pas à de semblables crimes des hommes prédisposés déjà par le vice ou l'ignorance?

A ce propos, il importe de le remarquer, de graves intérêts sociaux, et entre autres le soin de la liberté individuelle, exigent sans doute la publicité de la justice, et nous entendons par là la publicité des débats, des jugements, des arrêts et de l'exécution des arrêts. Mais, d'autre part, les dangers de cette publicité sont effrayants, et aucun problème ne mérite d'être étudié comme celui-là. Chercher à terrifier l'imagination des coupables, c'est un jeu où la société risque de perdre singulièrement; car cette terreur s'use bien vite, et la démoralisation produite par le retentissement donné au crime ne fait que se développer de plus en plus.

Arrêtons-nous ici quelques instants.

Qu'il ne faille pas trop compter sur la cruauté des supplices pour arrêter les criminels, c'est ce que Montesquieu a établi admirablement dans son *Esprit des lois*. « L'expérience, dit-il, a fait remarquer que dans les pays où les peines sont douces, l'esprit du citoyen en est frappé comme il l'est ailleurs par les grandes.

« Quelque inconvénient se fait-il sentir dans un État, un gouvernement violent veut soudain le corriger ; et au lieu de songer à faire exécuter les anciennes lois, on établit une peine cruelle qui arrête le mal sur-le-champ. Mais on use le ressort du gouvernement : *l'imagination se fait à cette grande peine*, comme elle s'était faite à la moindre ; et comme on diminue la crainte par celle-ci, l'on est bientôt forcé d'établir l'autre dans tous les cas. Les vols sur les grands chemins étaient communs dans quelques États ; on voulut les arrêter ; on inventa le supplice de la roue qui les suspendit pendant quelque temps. Depuis ce temps, on a volé comme auparavant sur les grands chemins.

« De nos jours la désertion est très-fréquente ; on établit la peine de mort contre les déserteurs, et la désertion n'est pas diminuée. La raison en est bien naturelle : un soldat, accoutumé tous les jours à exposer sa vie, en méprise ou se flatte d'en mépriser le danger[1]. Il est tous les jours accoutumé à craindre la honte : il fallait donc laisser une peine qui faisait porter une flétrissure pendant la vie. On a prétendu augmenter la peine et on l'a réellement diminuée.

« Il ne faut point mener les hommes par des voies extrêmes ; on doit être ménager des moyens que la nature nous donne pour les conduire. Qu'on examine

---

[1]. On peut bien dire la même chose des bandits, des scélérats de profession, des repris de justice, des forçats en rupture de ban, qui à coup sûr courent de moins nobles périls, mais qui exposent leur vie presque tous les jours, et finissent par la compter pour rien.

la cause de tous ces relâchements : on verra qu'elle vient de l'impunité des crimes et non pas de la modération des peines[1] ». Autrement dit, chaque imagination est susceptible d'un maximum d'effroi déterminé. Plus la dépravation est grande, plus ce maximum est bas, et, de toute manière, les grandes terreurs comme toutes les grandes émotions ne sauraient persister longtemps. Si elles ne tuent pas, l'effet en passe vite ; mais la sensibilité sur laquelle elles ont agi n'offre plus désormais aucune prise aux émotions ordinaires et modérées.

En fait, la vue des exécutions capitales effraye-t-elle assez les spectateurs pour les détourner à jamais de crime? Sur ce point, l'opinion paraît fixée. Ce spectacle n'effraye que les honnêtes gens ; quant aux coquins naissants, il les corrompt plus encore. Il est des criminels qui l'ont déclaré en cour d'assises : l'idée de l'assassinat ne leur est venue qu'à force de voir juger, condamner, exécuter des assassins. Ils avaient été frappés par cet appareil théâtral dont le coupable était pour eux le héros. Mais quelques chiffres de statistique, pris au hasard, parleront plus éloquemment.

En 1844, douze exécutions avaient lieu à Épinal. Six semaines après, un empoisonnement se commettait dans la même ville ; le coupable avait assisté aux exécutions.

En 1864, Thomas Edwards était présent à l'exécution de Taylor et de Ward, et six jours après il assassinait sa maîtresse.

---

1. Montesquieu, *Esprit des lois*, VI, 12.

La même année, le jour où Franz Müller fut pendu, un assassinat fut commis à quelques mètres de l'échafaud.

A Stockholm, un ouvrier revient d'une exécution ; il assassine en chemin un de ses camarades. Deux marins, sous l'échafaud d'un jeune homme qu'on vient de pendre, se prennent de querelle ; l'un d'eux tire son couteau et le plante dans le ventre de l'autre.

L'aumônier Burkesteth, entendu comme témoin devant une commission de la Chambre des lords, assura que les détenus pour cas graves ont toujours assisté aux exécutions publiques.

M. Roberts, aumônier d'une prison de Bristol, a déclaré que sur cent soixante-sept condamnés à mort qu'il avait interrogés dans la prison et conduits à l'échafaud, cent soixante et un avaient assisté à des exécutions capitales[1].

Ainsi la statistique nous enseigne que tout au moins la vue de ce dernier châtiment n'effraye pas ceux qui sont en passe de le mériter. Sur ce point d'ailleurs, nous le répétons, l'opinion publique est faite. On cherche seulement le moyen de concilier la nécessité d'une publicité suffisante avec la nécessité non moins grande d'écarter du pied de l'échafaud la foule indescriptible qui s'y presse aux jours des exécutions[2].

Mais nous avons osé déclarer que cet exemple prétendu intimidateur était plus qu'inutile. Nous avons

---

1. Voy. *Revue des cours littéraires.* Conférence sur la peine de mort, par Jules Simon.
2. Voy. Maxime du Camp. *Paris.*

dit que souvent (nous ne voulons ni ne pouvons discuter le nombre probable des cas) la vue du crime, à quelque phase qu'il fût arrivé, poussait au crime les natures faibles ou mauvaises. L'imagination ne peut être occupée longtemps ou violemment d'un acte quelconque, sans développer dans l'être une tendance croissante à l'exécution de cet acte. A l'appui de ces diverses lois, nous eussions pu citer le fait du vertige. Concluons, pour abréger, en rappelant qu'il y a un vertige moral tout comme un vertige physique, et qu'ils ont l'un avec l'autre la plus remarquable analogie. Vous représentez-vous, placés dans une situation périlleuse, la possibilité d'une chute? Vous avez beau la redouter : plus l'effroi est grand, plus l'image est forte : vous sentez positivement dans votre corps se commencer le mouvement fatal au terme duquel est le saut dans le précipice. Beaucoup même ont été jusqu'à la chute et y ont trouvé la mort. Voilà le vertige physique. Mais, qu'on le sache bien, la *tentation* n'est pas autre chose. Que faut-il, en un grand nombre de cas, pour être amené à faire le mal? Tout simplement avoir l'imprudence d'y penser trop souvent ou trop longtemps. Pour celui-là surtout qui n'est pas retenu par les mille liens de la vie active, craindre et détester le mal ne suffit pas entièrement. Il faut connaître le péril, sans doute, mais pour pouvoir le fuir et l'éviter : car il n'en est point qui ne puisse mettre en jeu quelque passion comprimée, quelque tendance cachée. Bien téméraire celui qui prend l'habitude d'affronter le danger : « Qui l'aime y périra. »

Tel est donc l'ensemble des phénomènes dont l'image est en quelque sorte le centre et où l'on voit la sensation, l'image et le mouvement réagissant l'un sur l'autre. Comment ces trois ordres de faits peuvent-ils se modifier ainsi mutuellement? C'est qu'ils ont tous les trois la même origine ; c'est qu'ils constituent trois formes différentes d'un même fait : 1° Toute sensation implique un mouvement spontané : la sensation est agréable ou pénible, distincte ou confuse.... suivant que le mouvement auquel elle est liée est fort ou faible, court ou étendu, facile ou difficile, et que lui-même facilite ou contrarie les mouvements des organes à l'action desquels est associée son action, etc. ; 2° Toute sensation tend à se reproduire plus ou moins affaiblie; c'est cette reproduction qui est l'image, et les images vont en se multipliant au fur et à mesure que s'étend avec la vie le nombre des sensations intéressant l'une ou l'autre de nos facultés physiques ou morales; 3° Toute sensation dont le retentissement dans la conscience se prolonge au delà de l'imperceptible *moment*, évoque et groupe autour d'elle un ensemble d'images formant avec elle accord ou contraste. C'est la nature de ces images associées qui détermine l'intensité, l'acuité, le mode spécial de toute sensation individuelle.

Ainsi donc, c'est la sensation qui, d'abord, avec le mouvement des organes internes ou externes dont elle est inséparable, alimente l'image. Il suffit, en effet, que l'activité de nos organes fasse effort et qu'elle travaille à développer son évolution propre pour qu'elle souffre des obstacles qu'elle rencontre et jouisse de son retour à des conditions plus favorables. Mais poser une sensibilité qui ne devrait rien à la représentation plus ou moins confuse de l'état dont elle est dérangée ou délivrée et de celui auquel elle aspire, ce serait presque poser une abstraction. S'il y a un instant dans la vie où la sensibilité ne dépend ainsi d'aucune espèce de comparaison ni de souvenir, cet instant est court et cette sensibilité bien obscure. Dans tous les cas, à mesure que l'existence s'allonge et que les occasions de sentir et d'agir se renouvellent, toutes les anciennes images, survivantes endormies des sensations antérieures, tendent à se réveiller : beaucoup se réveillent, en effet, avec une vivacité qui varie suivant les organisations, suivant les temps et les lieux. Les images s'ajoutent à la sensation présente, elles la redoublent, elles la continuent ; soit qu'elles l'irritent, soit qu'elles la calment et la modèrent, elles la diversifient, elles lui donnent une physionomie particulière et personnelle : car dans la suite de notre vie, rien n'est perdu sans retour ; l'état de notre sensibilité dépend à chaque instant du nombre et de la nature des émotions analogues que nous avons pu connaître jadis, et dont les images, rappelées par des associations souvent mystérieuses, viennent modifier à notre insu nos sensations les plus intimes.

Un homme de beaucoup d'esprit, que nous avons déjà cité, Bonstetten, l'observait : « Dix hommes peuvent avoir dix nuances de faim et de soif très-différentes... Longtemps après la famine ressentie au dernier siége de Gênes, on n'aurait pas osé, dans cette ville, prononcer légèrement le nom de pain ou se servir de pain à quelque autre usage que pour sa nourriture. Si les nuances de famine eussent eu un langage, nul doute qu'on aurait donné au pain dix noms différents. La jouissance modifie de même les sensations en les colorant de ses couleurs et de toutes ses nuances[1]. » Si l'on peut dire cela d'une sensation aussi élémentaire et aussi commune que celle de la faim, que ne pourrait-on dire des émotions plus complexes de l'âme humaine et des passions telles que la haine et l'amour?[2] Rien n'est plus connu : le souvenir d'un amour trompé ou interrompu par la mort vient mêler son amertume à toutes les émotions que des amitiés nouvelles ou la seule vue sympathique des affections d'autrui font naître dans le cœur. Un coup violent, une blessure, apportent d'abord une commotion qui étourdit, et il semble que tout s'immobilise dans le corps pour un instant : la sensibilité ne sait pas encore se reconnaître et se rendre compte de ce qu'elle éprouve. Puis peu à peu, quand toutes les fonctions tendent à reprendre leur cours, elles rencontrent l'une après l'autre l'obstacle et la gêne que leur oppose la lésion récente. Alors tout participe à la douleur, et la souffrance commune s'augmente à vue d'œil. C'est

---

1. Bonstetten, *De l'imagination*, tome II, p. 21.

2. « Il est probable, dit Dugald-Stewart, que la froideur et l'espèce d'égoïsme qu'on observe dans beaucoup d'hommes viennent en grande partie d'un défaut d'attention et d'imagination. Il faut être doué de l'une et de l'autre à un certain degré pour comprendre pleinement la situation d'un autre ou pour se faire une idée des maux qui existent dans le monde. » (*Eléments de la Philosophie de l'esprit humain*, II, viii, 4.) — « La cruauté, dit Leckye, vient en partie bien souvent de l'épaisseur de l'imagination. » Voy. F. Bouillier, *Du plaisir et de la douleur*, 2ᵉ édition, ch. x.

là exactement ce qui se passe dans notre sensibilité morale. Quand on nous annonce subitement une nouvelle qui doit nous causer une grande douleur, il est rare que cette douleur éclate tout d'un coup et manifeste instantanément toute sa violence. Elle ne rend d'abord que ce qu'un musicien appellerait le son fondamental, dépourvu des harmoniques qui doivent lui donner sa plénitude et déterminer la nature particulière de son timbre... Mais bientôt, la série des images qui sont au sentiment élémentaire ce que les harmoniques sont à la note, envahissent l'esprit. Alors s'accroît avec rapidité l'intensité de la souffrance : car à chaque image nouvelle l'individu offre une nouvelle prise aux souvenirs irréparables, aux espérances déçues, aux sombres prévisions, en un mot, à toutes les causes de douleur qui tourmentent l'humanité. Un enfant chez qui la vie intellectuelle est encore toute dispersée et chez qui les images n'ont pas pris l'habitude de se réunir et de se grouper promptement selon leurs mutuelles affinités, met une certaine lenteur à sentir ce qui n'intéresse pas directement les petites préoccupations et les plaisirs de son âge. Annoncez à un jeune adolescent que tel membre de sa famille vient de mourir. Il commencera par vous regarder vaguement comme s'il ne comprenait pas : quelques instants après, vous le verrez tout d'un coup fondre en larmes. La jouissance obéit à la même loi. Lorsqu'un événement heureux nous arrive, c'est peu à peu que nous mesurons l'étendue de notre bonheur et que nous en savourons la douceur tout à loisir.... Mais le développement de cette vérité nous entraînerait trop loin : ce serait l'histoire et l'explication de la sensibilité humaine tout entière.[1] Contentons-nous ici de bien marquer le point suivant : il n'y a rien d'étonnant à ce que la sensibilité agisse sur l'image et l'image sur la sensibilité : car sentir et imaginer sont deux phénomènes dont le second n'est que la reproduction plus ou moins affaiblie du premier. L'image n'est qu'une sensation d'autrefois qui tend à renaître et qui renaît en partie à l'occasion de sensations analogues. Si le sens est inégalement ébranlé par les unes et par les autres, il est cependant ému et modifié par les unes comme par les autres.

Mais toutes les fois qu'un sens est ému, son organe fonctionne; c'est dire qu'il agit, qu'il se meut. Tantôt ce mouvement est extérieur et apparent, tantôt il s'accomplit dans les profondeurs de l'économie ; tantôt il ébranle de proche en proche un certain nombre d'organes associés, et tantôt il expire promptement dans la sphère limitée d'un même organe. Mais, dans tous les cas, point de modification sensible forte ou faible sans un mouvement fort ou faible. Sensibilité, imagination, mouvement, voilà trois phénomènes qui se retrouvent toujours unis. Seulement, c'est tantôt l'un, tantôt l'autre qui domine, et par conséquent c'est tantôt l'un, tantôt l'autre qui provoque, excite, dirige, modifie ses deux inséparables compagnons.

De ces analyses ressort bien clairement, croyons-nous, la vérité de ces deux propositions que nous avons déjà formulées : 1° Tout organe tend à vivre de

---

[1]. Voy. notre livre *l'Homme et l'animal*, 1re partie, chap. IV.

sa vie propre, c'est-à-dire à agir, à sentir, à imaginer pour son propre compte. « Il n'est, dit profondément Montaigne, aucun de nos organes qui n'ait ses passions à lui, qui ne s'endorme ou ne s'éveille sans notre congé. » 2° Tout organe tend à vivre de la vie de tous les autres, à agir pour eux et avec eux, à jouir et à souffrir de leurs plaisirs et de leurs souffrances. Ces deux tendances sont aussi marquées l'une que l'autre dans la vie. Il est donc aisé de le comprendre : si une circonstance quelconque exagère les passions et les exigences propres à un organe, c'est celui-là qui donnera le ton à tous les autres; car il bénéficiera, pour ainsi dire, de la tendance qu'ils ont tous à sympathiser entre eux et à se mouvoir de concert. Nous nous expliquons ainsi les anomalies, les caprices, les exagérations pathologiques dont nous avons donné la description. Toutes ces maladies de l'imagination, ou plutôt toutes ces maladies de l'intelligence provoquées par l'imagination, tiennent à la cause que voici : l'un des éléments du tout a exagéré sa vie et son action au point de ne pas laisser les autres éléments vivre en liberté selon leur nature. De là tous les phénomènes de l'hallucination et de l'illusion ; de là les impulsions irrésistibles ; de là les hyperesthésies du somnambule; de là le pouvoir qu'a l'expérimentateur sur ceux qu'il endort et auxquels il peut suggérer, avec les images qu'il veut, des sensations, des idées, des volontés correspondantes...

Mais si chaque organe peut ainsi enfanter des images qui s'imposent à la communauté organique et la tyrannisent, ce qui mérite de nous étonner, ce n'est pas qu'il y ait des somnambules et des extatiques, ce n'est pas qu'il y ait des hallucinés et des rêveurs, ce n'est pas qu'il y ait des monstres et des malades; c'est qu'il y ait des gens sains d'esprit et des imaginations, nous ne dirons même pas puissantes et belles, mais simplement harmonieuses.

Quand les physiologistes nous exposent que chaque cellule de l'économie est douée d'une activité individuelle et qu'elle évolue à sa façon, quand ils ajoutent que toutes ces évolutions particulières luttent chacune de leur côté dans une concurrence vitale incessante, et que l'organisme, théâtre de cette lutte, oscille toute la vie entre la monstruosité ou la dégénérescence et la mort, nous nous demandons d'où vient que c'est malgré tout la vie qui triomphe. La réponse que nous trouvons, c'est que l'organisme n'est pas une simple agglomération ou une rencontre accidentelle de forces ennemies; c'est que ces existences élémentaires sont à la fois indépendantes et gouvernées, qu'elles sont subordonnées et soumises à une existence supérieure. Dans l'homme est une unité active qui ne se meut pas seulement, mais qui veut; qui n'est pas seulement impressionnable, mais qui sent; qui, plus encore, a conscience de son activité, peut réfléchir sur elle et se poser elle-même comme but où tend, avec un ordre que cette tension même suffit à régler, le déterminisme aveugle des forces inférieures.

Or, la question que nous nous posons ici est analogue; c'est la même question, pour mieux dire. C'est l'âme qui est le principe de la vie, non de la vie séparée de chaque élément, sans doute, mais de la vie complexe et harmonieuse qui résulte de l'ensemble de ces vies élémentaires unies et subordonnées à cette même âme. Mais cette âme est aussi le principe de la tendance qui établit dans nos images, dans nos sensations, dans nos mouvements, l'ordre de la pensée, de la liberté et de l'amour. Elle est exposée à de douloureuses défaillances, quand le conflit de causes étrangères surexcite jusqu'à la révolte les forces qu'elle groupe et gouverne ; mais sa présence et son action se font sentir depuis la naissance jusqu'à la mort[1].

Comment l'âme ou l'esprit groupe et ordonne les images, comment elle en fait sortir cette seconde espèce d'imagination que chacun envie et que chacun loue, qui embellit et charme la vie, qui élève l'homme au-dessus de lui-même, qui enflamme les cœurs de tout un peuple, sans laquelle, enfin, la science serait aussi impossible que la poésie et les beaux-arts, c'est ce qu'il nous reste à étudier.

1. Voy. notre livre *l'Homme et l'animal*, IV* partie.

VIII

De l'action de l'esprit sur les images. — Il fait effort pour les réunir.
Il y met une expression.

Dans les chapitres qui précèdent, nous avons mis surtout en saillie la tendance toute spontanée qu'ont les images à se renouveler d'elles-mêmes, à obséder l'esprit de l'homme, à modifier de mille manières ses sensations et ses mouvements. Mais l'esprit à son tour agit sur les images. Jusque dans les états maladifs que nous avons étudiés, il se trahit par sa lutte même, par les phases variées ou de la résistance qu'il oppose ou de l'effort douloureux qu'il fait pour dominer ces manifestations irrésistibles et mobiles d'une puissance étroitement liée à lui, et cependant distincte de lui.

Dans l'état normal, l'esprit agit tout d'abord sur les images pour former avec elles des groupes cohérents qui répondent aux diverses réalités avec lesquelles il s'est trouvé en contact, et qu'il veut se représenter sous leurs formes les plus essentielles, les plus permanentes, les plus générales. En un mot, avec des images choisies sous lesquelles il s'habitue très-vite à voir des groupes d'êtres semblables en nombre indéfini, l'esprit forme des idées. C'est là le début des opérations propres à l'entendement. Mais ce n'est pas là ce que nous voulons examiner. Dans ces opérations, l'image est aussi effacée et aussi réduite que possible : elle n'est là que pour faciliter les souvenirs, les rapprochements, les comparaisons, les raisonnements, en un mot tout le travail scientifique de l'intelligence. Or, la langue a réservé plus spécialement les noms d'imaginations, d'œuvres et de travaux d'imaginations pour ces actes complexes où les images, quoique groupées et ordonnées par l'esprit, dans des fins voulues par l'esprit, gardent néanmoins leur relief, occupent et plaisent par elles-mêmes, et savent enfin retrouver, pour les charmer eux aussi, les sens dont elles émanent.

Pour que les images aient la vertu de nous délecter ainsi sans fatigue, il faut que l'esprit conserve au milieu d'elles la possession et la conscience de lui-même. C'est à quoi il ne peut réussir pleinement ni dans les cas de rêveries incohérentes, ni dans celui des impulsions prolongées et des idées fixes, c'est-à-dire quand les images s'imposent à lui malgré lui. Et cela se comprend : nulle activité ne jouit que d'elle-même et de son propre développement. Si donc nous jouissons souvent par les images, c'est que nous agissons sur elles, en allant les chercher, en les réunissant, en les combinant. Du moment où l'esprit a pu exercer sur elles une action de cette nature, il en est le maître, au moins dans une très-grande mesure. Loin de l'enlever à lui-même, elles ne font que lui donner des occasions favorables d'augmenter avec l'intensité de son action celle de ses plaisirs. Aussi l'homme éprouve-t-il partout le besoin de réunir des images et de se donner lui-même à lui-même une représentation à laquelle il communique une forme particulière venant de lui, cette forme fût-elle d'ailleurs sans but et sans raison. Ce besoin est tellement inhérent à la nature humaine qu'on le retrouve non-seulement chez les enfants, mais chez les membres les plus dégradés et les plus malades de notre espèce. Un observateur ingénieux et compétent a très-bien relevé chez les fous les différentes manifestations de cette faculté[1]. Chaque espèce de maladie mentale a son genre d'imagination qui s'exprime par des récits, par des essais de composition, par des dessins, par des décorations et des accoutrements, et enfin par des accumulations d'attributs voulant être symboliques. Les dessins des maniaques sont, nous dit-on, compliqués et invraisemblables. Ceux des aliénés à idées de persécutions sont généralement symboliques : les conceptions qui remplissent leurs récits oraux ou leurs compositions écrites sont étranges et touchent quelquefois à l'horrible. Les mégalomanes tendent à l'effet dans tout ce qu'ils disent comme dans tout ce qu'ils font. Le malade atteint de paralysie générale vise aussi au grandiose : mais il

---

1. Dr Max Simon (médecin de l'asile de Blois). *De l'imagination dans la folie*. Études sur les dessins, plans, descriptions et costumes des aliénés. *Annal. médico-psychologiques*, décembre 1876.

mélange sans cesse à ses hautes visées des niaiseries naïves. Il trace un dessin insignifiant, auquel il prête une importance considérable, contraste qui se retrouve toujours dans ses paroles et dans ses actes. Ces derniers aliénés, on le sait, s'acheminent à l'annihilation des facultés, à la démence.... Et, toutefois, les déments eux-mêmes, pour peu qu'ils puissent encore faire un très-léger effort, aiment le merveilleux : ils l'aiment naïf et enfantin. Non-seulement ils se plaisent à entendre raconter des histoires de cette nature; mais de temps à autre ils en composent de leur façon, et ils dessinent. Sans doute, l'état de leurs organes ne leur permet rien de suivi : leur main comme leur pensée s'égare à chaque pas; « ils déraillent » avec une très-grande facilité dans leurs dessins comme dans leurs discours. Une même figure, si tant est qu'ils commencent jamais d'en tracer une reconnaissable, se transforme vingt fois sous leur plume ou leur crayon pour finir par un fouillis inextricable. On voit aisément dans ces exemples curieux quel est l'obstacle qu'oppose l'organisme aux tentatives que fait l'esprit du malade pour créer avec des images plus ou moins bien combinées un tout qui soit sien. Mais l'aliéniste auquel nous empruntons ces observations le dit à bon droit : chez le malade comme chez l'homme sain d'esprit, c'est une même faculté qui agit. Là elle avorte, ici elle produit des œuvres vivantes et belles. Mais là comme ici, l'esprit veut agir sur les images; et quand il a conscience de pouvoir le faire à un degré quelconque, il est heureux. Si l'idiot peut tenir un crayon dans sa main, il n'est pas absolument rare qu'il s'en serve. « L'imbécile copie mal, mais ne s'aperçoit pas de son erreur : *il croit bien faire et il est ordinairement très-fier de son œuvre.* » Enfin, ses barbouillages, quels qu'ils soient, « *traduisent une intention, attestent un effort de représentation*.[1] » Ces paroles sont d'un observateur que la nature de ses études et de ses fonctions médicales garantit contre tout soupçon de métaphysique. Elles n'en paraîtront que plus intéressantes.

Nous pouvons le croire : c'était à de semblables préoccupations, tout au moins, qu'obéissait l'homme primitif dont nous retrouvons les grossiers ornements, les bijoux en silex[2], les dessins tracés sur la pierre ou sur les os. Ce n'est point là quelque chose d'animal. Les bêtes, sans doute, savent chanter, s'orner, se parer, parer quelquefois leurs demeures. Mais ces talents divers, on en découvre bien vite les causes et on en connaît la nature. Dans beaucoup d'espèces, en effet, l'un des deux sexes plaît à l'autre par la richesse de son plumage, par la splendeur de son coloris, ou par l'éclat de sa voix. Mais l'animal n'est sensible qu'aux charmes particuliers déployés par des individus de son espèce, d'un sexe différent ; et il ne l'est qu'à un

1. Dr Max Simon, *De l'imagination dans la folie.*
2. Voyez dans la revue de Philologie et d'Ethnographie, de juillet-décembre 1876, un article de M. S. Blondel, sur les *Bijoux des peuples primitifs*. En voici la conclusion : « Qu'il végète à l'état de nature, comme les troglodytes des temps préhistoriques et les sauvages, ou qu'il s'immobilise dans une civilisation à demi barbare comme les anciens peuples de l'Amérique, les ornements de corps et les bijoux sont d'abord chez lui un signe évident de puissance, de noblesse, d'autorité. Ce n'est que plus tard, lorsque les mœurs s'adoucissent,... que les bijoux deviennent l'apanage du beau sexe.... »

moment fixe, c'est-à-dire à l'époque de l'appariage, alors que des besoins d'une nature spéciale et bien connue tourmentent l'organisme, y suscitent des sympathies nouvelles, qui disparaîtront bientôt pour renaître à des intervalles déterminés [1]. Chez l'homme seul nous trouvons le besoin d'imaginer pour imaginer, le besoin de se représenter les choses sous deux formes successives, sous une forme réelle et sensible qu'il accepte telle qu'elle est, mais de plus sous une forme imaginaire qu'il invente, et que par conséquent il peut modifier à son gré Cette faculté-là peut subir chez nous aussi l'influence des sentiments amoureux, parce que toutes nos facultés sont solidaires, et que dans une organisation quelconque tout sympathise et tout concourt. Mais on conviendra bien qu'elle devance de beaucoup l'explosion de ces sentiments, qu'elle leur survit; enfin qu'elle sait plus d'une fois s'en affranchir et s'en passer. Ni l'homme préhistorique quand il dessinait dans son antre l'ours qu'il avait vaincu, ni le nègre quand il compose ses interminables récits, ni l'aliéné quand il trace sur le papier les représentations symboliques des persécutions qu'il croit subir, ne cèdent à une autre envie qu'à celle de retrouver d'eux-mêmes, de choisir et d'arranger librement un certain nombre d'images parmi celles qui se sont confusément présentées une fois au moins à leur esprit.

Mais dans ce travail l'esprit fait autre chose que de se retrouver au milieu des images dont son cerveau vient l'assaillir ; ou bien le mot se *retrouver* peut re-

---

1. Voy. Ch. Lévêque, *Du sens du beau chez les bêtes*. (*Revue des Deux Mondes* du 1er septembre 1873.)

cevoir ici plusieurs interprétations. L'esprit sent son action; il la sent supérieure au déterminisme cérébral et aux influences du monde externe ; il la sent libre, en un mot : mais il y a plus. Dans chacune de ces représentations qui reflètent les phénomènes de la nature, il peut mettre quelque chose de lui-même, il s'y *exprime*, pour employer le mot consacré. En effet, l'expression, sans laquelle aucune œuvre d'imagination ne saurait nous plaire, ne nous y trompons pas, c'est l'expression de quelque sentiment ou de quelque idée, de quelque chose de nous-même, de notre âme. Comment l'esprit peut s'exprimer par les images, l'âme par la matière, il s'agit, avant d'aller plus loin, de l'expliquer.

IX

Nature et lois de l'expression. — L'homme.

Nous pouvons d'abord poser ce principe général, aussi facile à vérifier qu'à comprendre : Le corps exprime l'âme parce que le corps ne vit pas sans l'âme, pas plus que l'âme, dans les conditions de notre existence actuelle, ne vit sans le corps. Chacun des deux agit sur l'autre ; chacun des deux est solidaire de l'autre : il n'est donc pas étonnant que chacun des deux traduise, annonce, exprime les divers états de son associé. Aussitôt que nous avons remarqué en un lieu quelconque de l'univers deux phénomènes liés par des rapports constants de cause à effet, de partie à tout, de moyen à fin, chacun des deux devient par cela même le signe consacré de l'autre : il suffit que l'un soit aperçu pour que l'autre puisse être annoncé, prévu, attendu et, dans tous les cas, imaginé. Or, le physique et le moral sont assez liés entre eux — quelque opinion qu'on ait d'ailleurs sur la nature des principes dont ils dépendent — pour qu'ils s'expriment ainsi mutuellement, et que, par exemple, la colère d'un homme se lise sur son visage et dans toutes les attitudes de son corps, aussi clairement que la tempête s'annonce par la rapide accumulation de nuages noirs qui en sont les premières manifestations ou, si l'on veut, les premiers effets.

Décomposons cette loi générale; nous y trouverons, à ce qu'il nous semble, les lois secondaires que voici :

1° Tout organe exprime sa fonction, et la nature des mouvements qu'il laisse apercevoir au dehors exprime la manière facile ou difficile, lente ou rapide, forte ou faible, régulière ou irrégulière dont s'accomplit cette fonction. Ce n'est en effet que par une sorte d'abstraction que nous isolons ou considérons séparément la fonction et son organe. Mais c'est précisément pour l'esprit humain l'une des plus remarquables conséquences de cette habitude inévitable d'abstraire, que de pouvoir décomposer un phénomène et en prendre la partie la plus saillante comme signe ordinaire de la partie la plus cachée.

2° Non-seulement tout organe exprime sa fonction; mais tout organe peut exprimer aussi les fonctions de ceux des autres organes avec lesquels il est lié par une sympathie et une synergie habituelles, résultats des connexions organiques.

3° Parmi ces connexions il en est qui sont plus étroites, plus nécessaires, plus générales par conséquent et d'une signification plus facile à interpréter par tous les hommes, puisque tous les hommes ont pu les expérimenter sur eux-mêmes tout en les remarquant souvent chez leurs semblables. Mais il en est qui, étant plus éloignées, ne peuvent produire chez toutes les personnes, ni même toujours chez une même personne, des effets sensibles aussi faciles à saisir et à comprendre, en un mot aussi expressifs. Il est des organisations chez qui les impressions de toute nature restent facilement localisées. Ces organisations-là sont lourdes et paresseuses, à moins qu'elles n'aient à un degré tout à fait éminent la résistance et le calme de la force. Dans de pareilles conditions, on le sait, la physionomie est impénétrable. Chez certains tempéraments au contraire, rien ne peut vibrer sous l'excitation la plus légère, sans que toutes les cordes de l'organisme vibrent à l'unisson. Chez un même homme enfin, le nombre, l'étendue, la vivacité des efforts expressifs, dépendent beaucoup de la vivacité du phénomène physique, ou mental, ou mixte qui l'affecte.

Tout excès de force nerveuse doit se dépenser d'une manière ou de l'autre. Une irritation accumulée qui ne trouve pas une issue assez large et assez prompte cherche à se soulager par l'exercice d'une action musculaire quelconque. Si aucune direction précise n'est fixée à cette expansion de force nerveuse par la nature spéciale du phénomène et par sa cause, l'afflux suivra d'abord les voies les plus habituelles : si celles-ci ne suffisent pas, il débordera dans des voies moins usitées. En conséquence, les muscles de la face, qui sont ceux dont le jeu est le plus fréquent, seront toujours disposés à entrer les premiers en action. Viendront ensuite les muscles des membres inférieurs, enfin ceux du corps tout entier[1].

L'observation de ces faits nous amène naturellement à comprendre comment il y a certaines expressions qui doivent se retrouver partout et toujours les mêmes, chez tous les représentants de l'espèce humaine ; mais aussi comment il en est qui varient d'un âge à l'autre, d'un sexe à l'autre, d'une race à l'autre, et ainsi de suite. M. Darwin pense même que certains moyens d'expression, propres jadis à tels ou tels individus dans des circonstances particulières, ont dû se communiquer par hérédité et se renouveler ainsi de génération en génération, après avoir perdu leur utilité première et leur valeur naturelle. Si peu vérifiable que soit cette hypothèse, elle n'est cependant pas sans vraisemblance. Il y a lieu de discuter et de différer beaucoup d'opinion sur le nombre et l'importance des cas auxquels elle peut s'appliquer ; mais somme toute elle a sa place dans la science.

4° Avec Gratiolet et malgré M. Darwin, nous croyons qu'outre les mouvements d'expression directs ou sympathiques, il y a des mouvements d'expression symboliques. Que faut-il entendre par là ? Le voici. D'abord, l'esprit établit entre ses propres fonctions et celles des organes du corps qu'il anime un certain nombre d'analogies. Il est des idées qui conviennent à notre esprit et il y en a qui lui répugnent, comme il y a des

---

[1]. Ch. Darwin, l'*Expression des émotions*, p. 76. On trouvera là, au passage que nous citons, non-seulement l'opinion personnelle de M. Darwin, mais d'intéressantes citations de Müller, de Claude Bernard, d'Herbert Spencer, dans le même sens.

substances qui conviennent et d'autres qui répugnent à notre organisation corporelle. Il suffit d'observer et de réfléchir pour constater cette analogie et en tirer parti. Supprimez ce système de comparaisons, que deviendrait le langage? — En second lieu, le corps et l'esprit sont liés si intimement l'un à l'autre, que chacun des deux tend toujours à faire partager à l'autre ses plaisirs et ses souffrances, ses désirs et ses aversions, ses haines et ses amours, ses craintes et ses espérances. Quelquefois ces sympathies entre le corps et l'esprit sont générales : dans certains cas, un transport purement physique à son origine finit par émouvoir et bouleverser notre être moral tout entier, nos idées, nos volontés, nos sentiments; et de même une simple imagination pourra suspendre ou altérer en nous les fonctions organiques les plus cachées. Mais dans beaucoup d'autres cas où l'émotion première a été plus modérée, la sympathie ne se fera sentir que d'une fonction mentale à une fonction organique, à la condition qu'entre les deux l'esprit de tout homme puisse instituer une analogie prompte à saisir.

M. Darwin trouve que ce mot d'expression ou de mouvement « symbolique » est vague. Pour lui, ces mouvements ne sont autre chose que les résultats séculaires d'habitudes plus complétement organiques et qui datent, il en est convaincu, des origines semi-animales de notre espèce. Mais bien des exemples qu'il cite lui-même dans son ouvrage montrent que le symbolisme est encore plus facile à comprendre et surtout à constater, que cette prétendue survivance d'habitudes préhistoriques. Quelques hommes, dit

M. Darwin, découvrent leurs canines dans une crise de violente colère. Eh bien, cet acte est le vestige persistant d'une habitude acquise autrefois, lorsque nos ancêtres à demi humains se battaient à coups de dents comme font actuellement les orangs-outangs et les gorilles[1]. Soit! C'est là sans doute une assertion dont la valeur est subordonnée à la vérité ou à la fausseté de la théorie transformiste tout entière, et ce n'est pas le lieu de discuter cette théorie; mais dans cet exemple, au moins, l'hypothèse est intelligible. Voici où elle ne le serait plus et où le symbolisme, en revanche, est parfaitement évident. « Les sauvages, dit M. Darwin (résumant des observations authentiques), expriment quelquefois leur satisfaction, non-seulement par le sourire, mais par des gestes dérivés du plaisir de manger. Ainsi, M. Wedgwood raconte, d'après Petherick, que les nègres du Nil supérieur se mirent tous à se frotter le ventre, lorsque celui-ci exhiba ses colliers. Leichardt dit que les Australiens faisaient claquer leurs lèvres à la vue de ses chevaux, de ses bœufs et surtout de ses chiens. Les Groënlandais, quand ils affirment quelque chose avec plaisir, aspirent l'air avec un bruit particulier, ce qui peut être une imitation du mouvement que produit la déglutition d'un mets savoureux[2]. » On ne peut dire, assurément, que les nègres du Nil supérieur eussent envie de dévorer les colliers; conjecturer qu'ils descendaient de quelque aïeul inconnu, à l'estomac d'autruche, et que ce geste partiel est un vestige des habitudes attestant les capa-

---

1. Darwin, *ouvrage cité*, p. 202.
2. *Ibid.*, p. 229, 230.

cités digestives de cet ancêtre, ce serait téméraire. M. Darwin, d'ailleurs, au passage que nous venons de rappeler, se borne à citer les faits, sans commentaires et sans explication d'aucune sorte. Il n'en donne pas davantage quand il décrit les divers mouvements expressifs du mépris et du dégoût, qui sont partout les mêmes. « Le mépris et le dégoût, dit-il, paraissent s'exprimer presque universellement par l'acte de cracher, qui représente évidemment l'expulsion de quelque objet répugnant hors de la bouche. Leichardt fait remarquer que les Australiens interrompaient leurs harangues en crachant et en émettant un son analogue à *pouh! pouh!* probablement pour exprimer leur dégoût. Le capitaine Burton parle de certains nègres qui crachaient sur le sol avec dégoût. Le capitaine Speedy m'apprend que le même fait s'observe chez les Abyssiniens. D'après M. Geach, chez les Malais de Malacca, le dégoût s'exprime en crachant, et chez les indigènes de la Terre de Feu, le signe le plus caractéristique du mépris pour un individu consiste à cracher sur lui. » M. Darwin est sans doute de l'avis de M. Tylor, qu'il cite à propos de ces faits, et aussi de celui qui consiste à tirer la langue en signe de mépris et de haine. « On ne voit pas clairement, dit M. Tylor, quelle est l'origine de ces mouvements. » On ne le voit pas, assurément, si l'on veut démontrer à tout prix que chaque mouvement d'expression est le reste de quelque habitude tout animale transmise par hérédité. Mais pourquoi se refuser à l'évidence? Et qu'y a-t-il donc de si vague ou de si peu scientifique dans un symbolisme si simple, si facile à rattacher au fait de l'union de l'âme et du corps? M. Darwin lui-même parle de la manière d'exprimer son dédain en baissant les paupières ou en détournant les yeux, « comme si la personne que l'on méprise ne valait pas la peine d'être regardée. » N'est-ce donc pas là du symbolisme? M. Darwin ajoute encore ce qui suit : « Aussi, d'après ce que nous venons de voir, le dédain, le mépris et le dégoût s'expriment de bien des manières, par des mouvements spéciaux des traits du visage et par divers gestes ; ces mouvements et ces gestes sont les mêmes dans toutes les parties du monde. Ils consistent tous en actes représentant l'expulsion ou le rejet de quelque objet matériel qui nous répugnerait, sans exciter d'ailleurs d'autre émotion énergique ; en vertu de la force de l'habitude et de l'association, ces actes s'exécutent toutes les fois que quelque sensation de ce genre prend naissance dans notre esprit[1] ». Faut-il prendre cela pour une explication? Ce serait se contenter à peu de frais. Il y a une habitude, sans doute ; mais il s'agit précisément de savoir d'où elle provient. De l'association? M. Darwin, à différentes reprises, lance le mot, mais en passant[2] ; ou s'il donne quelques exemples, il y est uniquement question d'association entre deux faits tous deux physiologiques. Ainsi, ce qui répugne au sens du goût répugne aussi au sens de l'odorat, et réciproquement. Nous prenons donc l'habitude d'associer ces deux répulsions ; et en certains cas, alors même qu'il n'y ait encore que l'un des deux sens qui se trouve affecté,

---

1. Darwin, *ouvrage cité*, p. 283.
2. *Id.* p. 32.

l'autre prend les devants pour résister aussi à sa manière. Voilà un genre d'association auquel s'applique la théorie de M. Darwin. Mais ce n'est pas sur ce mode d'association-là, ni sur les mouvements que nous avons appelés sympathiques, qu'il y a difficulté. Ce que M. Darwin devrait expliquer, et ce qu'il n'explique pas, c'est l'association que l'homme établit entre un état de l'esprit et un état de corps, bien que l'un ne soit pas directement et nécessairement l'effet de l'autre. Là, encore une fois, le symbolisme n'est pas niable. Si nous en établissons un dans la langue quand, pour mieux désigner certains attributs des choses extérieures, nous les supposons douées de qualités semblables aux nôtres, il est certain que la première idée nous en est fournie par l'union intime et la sympathie de notre corps et de notre âme. De la colère, du mépris, du dégoût ou de la satisfaction de l'âme, à la répulsion, au dégoût ou à la satisfaction du corps, il n'y a qu'un pas. Ce pas est nécessairement fait par tout homme qui a simplement conscience de lui-même et de sa complexe nature. Mais il nous aide, une fois fait, à en franchir un autre, c'est-à-dire à nous représenter les corps étrangers comme participant aux passions diverses d'une âme semblable ou analogue à celle qui nous anime. C'est de là que viennent les métaphores dont la langue est remplie. Gratiolet l'a remarqué avec autant d'esprit que d'exactitude. « Ces expressions du corps (qui répondent à quelque sentiment intellectuel) sont toujours identiques ou parallèles à celles du langage; en sorte que dans beaucoup de cas, pour traduire une passion dans le dessin du visage, il suffirait d'imiter directement les figures du langage et les expressions naturelles par lesquelles la parole peint métaphoriquement cette passion [1]. » Par exemple, voulez-vous peindre le dégoût moral, imitez les signes extérieurs du dégoût physique. D'autre part, pourquoi qualifions-nous, par exemple, tel arbre de *pleureur*, et telle plante de *modeste ?* En réalité, « le saule pleureur ne pleure pas plus qu'un autre saule, et la violette n'est pas plus modeste que le pavot. » M. Ch. Lévêque, qui fait cette réflexion, a bien raison de dire qu'il y a dans ces expressions un symbolisme évident. Là, nous voyons les branches de l'arbre prendre l'attitude à laquelle se laisse aller le corps d'un homme abattu par la douleur. Ici, nous constatons que la fleur reste souvent couverte par les feuilles et se révèle par son parfum : nous pensons involontairement aux vertus cachées des personnes qui vivent dans la solitude et qui dédaignent de capter les regards du public. Nous ne voulons pas insister ici sur ce point qui sera mieux éclairci tout à l'heure. Mais nous croyons qu'on ne peut nous contester cette proposition, que le symbolisme dont est rempli notre langage a pour première origine le symbolisme par lequel notre propre corps exprime les états de l'âme à laquelle il est uni.

Pour plus de clarté, prenons l'une après l'autre les trois facultés principales de notre âme : nous verrons comment leurs manières d'être et leurs actes s'expriment toujours par le mélange de ces mouvements

---

[1]. Gratiolet, *De la physionomie*, p. 331.

directs, sympathiques et symboliques dont nous venons de donner un aperçu.

1° Nous ne pouvons penser sans images. Or toute image provoque, si faiblement que ce soit, le mouvement habituel du sens qui l'a produite primitivement et de son organe. Ce n'est pas à dire que toutes nos idées se peignent sur notre physionomie : car le mouvement qu'elles supposent est le plus souvent tout interne, et le jeu des cellules cérébrales ne se manifeste pas au dehors. Mais le travail de combinaison que nous opérons sur ces idées, la pensée en un mot, exige le concours du corps entier. Il faut d'abord que nul organe ne se livre à un travail assez intense pour troubler l'organe cérébral et augmenter ainsi les difficultés de l'attention. Mais comme le repos absolu est impossible, la plupart de nos organes règlent le rhythme de leurs mouvements sur le rhythme de la pensée.

Les idées se succèdent-elles dans notre esprit avec ordre et avec une rapidité suffisante, le corps prend l'attitude de l'attention facile ; nos yeux s'ouvrent sans se dilater et sans que leurs muscles se contractent.

L'idée est-elle difficile à suivre, compliquée, obscure, l'œil regarde avec insistance dans le vide ; il fait effort comme pour s'accommoder à un objet qui le fuit. Les doigts s'agitent comme pour lutter contre une difficulté matérielle ; ils la divisent, ils la broient, ils la contournent, ils la traversent de part en part. Enfin, quand la difficulté paraît vaincue, « nous disons communément : J'y suis, m'y voilà, et tout le corps prend en même temps une attitude de repos¹. »

« Lorsque l'homme, dit Engel, développe ses idées sans obstacle, sa marche est plus libre ; quand la série des objets se présente difficilement à son esprit, son pas est plus lent. Lorsqu'un doute important s'élève soudain, il s'arrête tout court. De même, des idées disparates amènent une marche irrégulière. Quand on change d'idée, on change d'attitude. Si, par exemple, cherchant quelques faits intellectuels, un homme regarde en bas et ne trouve pas, ses yeux changeront de direction ; il regardera en haut, etc.² ».

D'où vient enfin qu'une personne a la physionomie intelligente, sinon de ce que le travail de la pensée se peint habituellement dans son regard ? plus encore, que tous les muscles de son visage, comme toutes les attitudes de son corps et toutes les nuances de sa voix, coopèrent à l'élaboration de ses idées !

2° Il n'est pas moins évident que nous ne pouvons vouloir sans être portés à agir, ou au moins sans nous préparer à l'action. Or, la préparation d'une action quelconque, c'est cette action même ébauchée. Ainsi, nous voulons congédier quelqu'un sans lui ménager l'expression de notre mépris ; nous faisons un geste répulsif qui semble le précipiter vivement hors de notre présence. C'est un geste qui n'aurait besoin que d'être complété et développé, s'il nous fallait en réalité chasser nous-mêmes l'individu. Le seul commencement, la seule ébauche partielle de l'acte, exprime

1. Gratiolet, *ouvrage cité*, p. 323.
2. Engel, *Lettres sur le geste et sur l'action théâtrale*.

ainsi l'acte lui-même. Voulons-nous congédier sans repousser violemment, nous déplions et ondulons, en quelque sorte, notre main dans le sens de la porte, comme si nous voulions seulement accompagner notre visiteur, sans hâter notre séparation. Voulons-nous menacer, nous exécutons le prélude d'un acte de violence, et l'imagination du spectateur la continue comme fait la nôtre : aussi nous comprenons-nous mutuellement[1].

Il n'est pas jusqu'à certaines nuances de volonté négative qui ne s'expriment de la même manière et conformément à la même loi. Comme le disait encore finement Gratiolet, la roideur marque « l'immobilité dans l'action, » c'est-à-dire l'effort dépensé tout en résistance ; et le gémissement, « l'effort de la faiblesse, » de même que le changement fréquent d'attitudes et la mollesse de la pose sont les effets et par conséquent les signes naturels de l'indécision.

1. D'ailleurs, que n'exprimons-nous pas avec la main ? « Avec la main, dit Montaigne, nous requerons, promettons, appelons, congedions, menaceons, prions, supplions, nions, refusons, interrogeons, admirons, nombrons, confessons, repentons, craignons, vergoignons, doubtons, instruisons, commandons, imitons, encourageons, iurons, tesmoignons, accusons, comdamnons, absolvons, iniurions, mesprisons, desfions, despitons, flattons, applaudissons, benissons, humilions, mocquons, reconcilions, recommandons, exaltons, festoyons, resiouissons, complaignons, attristons, desconfortons, desesperons, estonnons, escrions, taisons, et quoy non ? d'une variation et multiplication, à l'envy de la langue. De la teste nous convions, renvoyons, advouons, desadvouons, desmontons, bienveignons, honorons, venerons, desdaignons, demandons, esconduisons, esguayons, lamentons, caressons, tansons, soubmettons, bravons, exhortons, menaceons, asseurons, enquerons. Quoy des sourcils ? Quoy des espaules ? Il n'est mouvement qui ne parle. » (Montaigne). *Essays*, l. II, chap. XII. On pourrait faire une étude spéciale sur chacun de ces mots et sur chacun de ces gestes expressifs.

L'homme résolu et qui va courageusement affronter une difficulté qu'il se croit sûr de vaincre respire largement, comme pour se mieux préparer à l'action ; et en fait, la respiration, qui aide à renouveler le sang, aide aussi à renouveler l'énergie. L'homme qui sent son impuissance et qui voudrait, mais ne peut la surmonter, commence d'abord ce même mouvement, puis s'interrompt presque aussitôt et s'abandonne. Chez le premier, c'était l'aspiration qui était la partie saillante, expressive, du phénomène respiratoire ; chez le second, c'est l'expiration.

3° Enfin, nous ne pouvons sentir sans être portés à ce que j'appellerai la totalité du plaisir ou de la douleur. Nous l'avons vu, en effet, à bien des reprises et par des exemples nombreux, en nous tout sympathise et tout concourt. Nous ne voulons pas seulement parler des effets du cerveau sur les viscères, — nous savons que les émotions produisent promptement et malgré nous sur l'estomac, sur les intestins et plus particulièrement sur le cœur, un contre-coup qui en modifie quelquefois très-profondément les fonctions, — mais dans les organes mêmes placés sous l'empire de notre volonté se fait sentir cette tendance de notre être à la totalité, à l'harmonie, à l'unité. Si la passion qui nous remue est une passion heureuse, tout se dilate dans un mouvement général d'expansion, qui est lui-même salutaire et bienfaisant. Si elle est malheureuse, tout se contracte, tout se resserre. Dans le premier cas, tous nos organes sont de la fête ; dans le second, tous prennent le deuil et souffrent de la douleur commune.

Mais le plaisir et la douleur ont leurs nuances. Notre passion est-elle confiante, il semble que nous allions voiles déployées ; nos sens comptent sur une satisfaction prochaine, mais ils la cherchent, et de là cet air tout en dehors de l'espérance et de la gaieté. Notre passion est-elle triomphante, nos sens alors tiennent leur satisfaction, ils la possèdent ; un orgueil légitime fait que nous semblons trouver tout en nous-mêmes ; nous nous suffisons, et partant, les choses extérieures n'ont plus le don de nous attirer ; le champ de notre regard se limite, c'est nous-même que nous voyons, que nous entendons, que nous goûtons, que nous savourons.

Quant à la douleur, elle a aussi ses modes divers ; car elle peut toucher à deux points extrêmes et osciller entre ces deux points qui sont l'exaltation et la prostration. Ces deux mots sont assez expressifs par eux-mêmes. Là, le corps tout entier s'apprête à une résistance désespérée contre la cause de la douleur. Ici, les membres eux-mêmes témoignent de l'anéantissement des forces physiques succédant à celui des forces morales, ils renoncent à la lutte en même temps que l'esprit renonce à l'espérance.

Il faut tenir compte, sans aucun doute, des efforts que fait souvent l'individu pour comprimer ses propres mouvements et en altérer l'expression. Mais cet effort même se trahit, et il a sa signification qu'il est possible de démêler. « Voulez-vous savoir si une douleur est vraie, disait Réveillé-Parise, demandez si elle se cache. Voilà le principe en général, et sa justesse est fondée sur des expériences peu démenties (sauf quelques diversités de caractère). Il y a donc des douleurs muettes, des douleurs qu'on enferme à triple tour, qui n'ont ni exclamation, ni explosion, qui glacent le cœur, qui stupéfient, qui donnent un calme apparent ; douleurs mille fois plus terribles que le désespoir qui s'exhale et se fait jour... Quelquefois, malgré la dissimulation, un trait qui échappe éclaire un ensemble, une suite de sentiments douloureux, met le médecin sur la voie et pose les indications. En effet, *toutes les fonctions, tous les organes ne convergent-ils pas vers l'unité vitale ?* Accordons qu'aucun homme n'a toujours complétement son âme sur son visage ; il n'est pas moins vrai que l'état de cette âme, surtout quand elle est agitée, se décèle tôt ou tard par des signes manifestes pris dans l'ensemble de l'organisme, « corpus animum « tegit et detegit » ; ou encore, comme le disait un savant médecin du seizième siècle, Lommius, : « Nulla « corporis pars est, quamlibet minuta et exilis, quan- « tumvis abjecta et ignobilis, quæ non aliquod argu- « mentum, insita naturæ et quo animus inclinet, « exhibeat[1]. »

Notre but n'étant pas de donner une explication complète des mouvements de la physionomie, nous nous en tiendrons aux exemples que nous avons donnés. Ils suffisent, croyons-nous, pour confirmer cette proposition générale. L'imagination de l'homme peut sous un mouvement corporel se représenter un fait mental. Le corps et ses mouvements en effet expriment l'âme et ses états, parce que tous deux sont as-

---

1. Réveillé-Parise, *Études de l'homme dans l'état de santé et dans l'état de maladie*, 1845. Tome I, p. 63.

sociés et que nous ne pouvons être affectés dans aucune partie de tout ce naturel[1] qui nous constitue, sans tendre autant que possible à l'unité par l'accord et l'harmonie, souvent traversés et contrariés, mais toujours cherchés, du physique et du moral.

1. Expression de Bossuet.

X

Nature et lois de l'expression (*suite*). — La nature. — L'art. Les conditions de l'œuvre d'art et les images.

Demandons-nous maintenant comment les phénomènes de la nature, les sons, les lignes, les couleurs, et comment la reproduction artificielle de ces phénomènes ont pour nous une *expression*. Tout le monde conviendra que c'est là une question capitale pour qui veut expliquer la nature et le rôle de l'imagination dans les arts. Or, il nous semble que les explications précédentes doivent nous aider à trouver une réponse satisfaisante. Entre notre esprit et les corps étrangers, il y a un intermédiaire, c'est notre corps. Notre corps sympathise avec la nature extérieure, car il est soumis aux mêmes lois, et il sympathise aussi avec notre âme, puisqu'il agit de concert avec elle. Aussi poserons-nous la loi suivante : Les phénomènes physiques de la nature expriment certains états de notre âme quand ils provoquent dans notre corps des états ou des mouvements qui, en vertu des principes développés plus haut, sont déjà eux-mêmes expressifs. Par conséquent, plus les mouvements corporels seront de nature à provoquer le concours sympathique de notre âme et de ses diverses facultés, plus ils seront expressifs. L'étude des faits va nous faire constater l'existence de cette loi et nous en montrer les principaux détails.

Et d'abord, tous les phénomènes de la nature ne sont pas pour nous expressifs. Pour l'être, il faut qu'ils frappent nos sens, voilà qui va sans dire. Mais parmi ceux-là mêmes qui s'adressent habituellement à nos sens, il en est qui ne disent rien à notre esprit : ainsi sont les saveurs et les odeurs. Aristote l'avait remarqué, et il en avait donné cette raison profonde. « Si, disait-il, les rhythmes et les mélodies de la musique s'adaptent aux sentiments de l'âme, c'est qu'ils sont des mouvements, comme le sont nos actions. » Mais cette propriété, les sons n'en ont pas le privilége : les lignes et les combinaisons de lignes qui entrent dans les arts du dessin l'ont aussi. Quant aux couleurs, elles n'ont pris autant d'importance dans les arts que depuis que la science moderne a découvert tant d'analogies entre elles et les sons. Encore n'ont-elles toute leur vertu expressive qu'autant qu'elles s'ajoutent aux lignes, servent à marquer les reliefs visibles, à rendre plus vivantes les figures déjà dessinées, les horizons déjà tracés. Tout cela confirme, ce semble, l'opinion exprimée par Aristote. Il est vrai, la science nous montre que les saveurs et les odeurs sont aussi des vibrations, c'est-à-dire, des mouvements. Mais ce sont des mouvements qui se rapportent plus exclusivement à la vie animale — qui sont plus confus — et où l'esprit ne peut établir ni des nuances et des degrés, ni des rapports aussi distincts. Un amateur, dit-on, prétendait pouvoir se donner, avec des séries graduées de sachets, des espèces de symphonies odorantes, et plus d'un gourmet est prêt à invoquer les lois d'une esthétique de la table. En tout cas, il est des règles consacrées pour exciter graduellement, pour satisfaire et en même temps pour ménager le goût et l'appétit des convives. Mais dans ces différents plaisirs, l'être humain est absorbé par la satisfaction qu'il éprouve : il est tout à la jouissance actuelle et immédiate. Si cette jouissance est venue à la suite d'un besoin périodiquement renouvelé, elle est très-vive, mais elle ne laisse point à l'esprit de liberté. Si elle continue une fois le besoin apaisé, elle engendre la satiété et, tout au moins, l'indifférence. Si elle persiste encore, elle fatigue de plus en plus, et enfin elle devient positivement insupportable. La science peut analyser les saveurs et les odeurs, nous en donner les lois constitutives et nous faire découvrir dans les rapports de leurs éléments un ordre digne d'être admiré. Mais c'est alors à des abstractions toutes pures que s'intéresse l'intelligence ; et une condition essentielle pour que l'étude de ces phénomènes captive ainsi notre pensée, c'est précisément que nos sens ne s'en trouvent plus occupés. Tel n'est pas le cas des sons, des lignes, des couleurs, des consonnances musicales, matériaux de cette faculté mixte de l'imagination dont nous poursuivons en ce moment l'étude. Aptes à faire jouir tout à la fois nos sens et notre esprit, elles devancent les besoins physiques et les réduisent même au silence. Elles en créent de nouveaux, il est vrai, mais qui ne sont plus soumis aux mêmes lois de la périodicité, de l'affaiblissement par l'habitude. Les jouissances qui en résultent se rajeunissent indéfiniment, car elles se renouvellent et s'accroissent d'elles-mêmes. D'où vient donc ce privilége, et peut-on justifier, en la développant, la brève explication d'Aristote ?

L'émission du son est, chez tous les êtres organisés, le résultat d'une excitation particulière. L'être au repos garde le silence. Mettons de côté le langage proprement dit qui répond soit aux nécessités du travail intellectuel, soit au besoin de communication, il faut une sensation positive pour nous faire émettre un son autre que celui de la parole articulée[1]. De plus, la nature de la sensation détermine la nature du son qui la traduit. Une sensation joyeuse fait pousser des sons hauts, une sensation douloureuse des sons très-aigus ; si l'énergie diminue, les sons baissent : une voix dite mourante est l'indice d'une vie mourante elle-même. S'il y a lutte, les sons vibrent : ils traînent si l'effort touche à sa fin. Dans la vie quotidienne ne savons-nous pas distinguer ces nuances et en trouver très-rapidement l'expression ? L'accent de la voix ne nous décèle-t-il pas les secrets sentiments du cœur plus sûrement encore que la physionomie, que le sourire souvent trompeur, que les serrements de main souvent perfides ? Que d'épithètes en effet ne pouvons-

---

1. Et encore ne parlons-nous généralement que pour échanger nos idées avec d'autres personnes. Parler seul tout haut est très-souvent l'indice d'un trouble profond.

nous pas donner à la voix de nos semblables pour en qualifier le ton et l'accent! Il est des voix à l'accent franc et net; et parmi elles nous en distinguons de douces, de suaves, d'innocentes, de pénétrantes, de consolatrices, de rassurantes, d'aimantes, de fermes, de courageuses, de confiantes, de calmes, de triomphantes, d'insinuantes, de persuasives, de gaies, de joyeuses, d'attirantes, d'entraînantes, de suppliantes, de craintives ou de résignées. D'autres nous paraissent dures, tranchantes, mordantes, incisives, écrasantes, terrifiantes, haineuses, irritées, menaçantes, provocatrices, fières, arrogantes, insultantes, glaciales, répulsives. Il en est enfin dont l'accent est, pour ainsi dire, hétérogène, et elles nous semblent tour à tour humbles, mielleuses, doucereuses, molles, perfides, efféminées, embarrassées, contenues, ironiques, etc. Mais de quoi dépendent ces divers caractères de la voix? Ce n'est pas seulement du ton des sons émis ni du timbre particulier qui se fait sentir en chacun d'eux; ce n'est pas seulement de la manière dont ils sont liés ou détachés; c'est aussi et surtout du mode de mouvement grâce auquel ils se succèdent les uns aux autres; car tantôt une même voix précipite ses paroles et ses accents, tantôt elle les modère et les ralentit, tantôt les prolonge, et ainsi de suite.

Donc, le son de notre voix résulte d'une excitation, et les qualités du son dérivent elles-mêmes de la nature spéciale de l'excitation ressentie et manifestée.

Or, que des sons viennent intentionnellement ou par hasard à imiter ces diverses manifestations de la voix humaine,—son, timbre, mouvement,—ils produisent à leur tour une excitation correspondante : ils travaillent à nous placer dans l'état où nous nous trouvions quand nous les émettions nous-mêmes ; ils nous rappellent tout au moins ces sentiments par une association toute naturelle, ils nous les font éprouver encore de manière à nous émouvoir modérément et doucement et à nous laisser une liberté d'esprit suffisante. Disons la même chose avec d'autres mots, ils nous forcent à les imaginer, bref ils les expriment.

Cela étant, l'imagination humaine devait naturellement se plaire à inventer des combinaisons de sons capables de lui rappeler ainsi des émotions antérieures, d'en faire naître de nouvelles, plus calmes ou plus intenses, et que l'esprit pût être libre d'accepter ou de provoquer au gré de ses propres désirs. Pour satisfaire ce penchant de l'imagination, voici ce que l'art avait à faire et ce qu'il a fait :

Premièrement, l'art a étendu le plus qu'il a pu les limites entre lesquelles se meut la voix humaine. Notre langage ordinaire sert plus à l'expression de la pensée qu'à celle du sentiment ; il reste donc habituellement dans une région qui sans doute varie avec chacun de nous, mais qui, en général, est une région moyenne, ni trop haute, ni trop basse ; quand nous en sortons par hasard, c'est sous l'empire d'un sentiment dont la vivacité première ne saurait longtemps se soutenir. Mais si l'imagination se plaît à reproduire la réalité, ce ne peut être évidemment que pour le diversifier et l'agrandir. Si elle demande à la voix humaine de lui créer un second langage, c'est pour lui faire exprimer, non pas ce que le langage vulgaire suffit parfaitement à exprimer, mais des sentiments plus intimes, ou plus vagues ou plus forts, et dont il reste encore, une fois que l'idée générale en a été clairement rendue pour l'esprit, quelque chose d'indéfinissable qui provoque dans les organisations et dans les âmes des sympathies plus personnelles. En établissant la gamme, l'art n'a rien ajouté, cela va sans dire, à la voix humaine ; mais il en a révélé toutes les ressources, car il en a marqué et distingué tous les sons possibles en musique, c'est-à-dire tous ceux qui sont capables de plaire à l'oreille, d'exciter l'organisation tout entière sans l'irriter, d'encourager notre âme à penser et à sentir, d'exprimer enfin.

En second lieu, l'art a cherché, il cherche encore tous les moyens de produire avec des instruments des sons pouvant ou s'ajouter à ceux de la voix humaine et s'accorder avec elle, ou bien en tenir lieu et produire sur nos organes des excitations analogues.

En troisième lieu, l'art a cherché, il cherche encore d'après quelles lois les notes de la gamme s'appellent les unes les autres et quelles règles, par conséquent, doivent présider aux accords ou successifs ou simultanés des sons musicaux. Tout d'abord on a consulté simplement l'oreille, on s'est uniquement occupé de de lui plaire. Mais peu à peu on a cherché les raisons de ses préférences. Raisons physiques tirées de la composition et de la nature du son, raisons physiologiques tirées de la constitution anatomique de l'oreille et des fonctions qui lui sont propres, raisons psychologiques enfin, voilà ce que la science a voulu approfondir ; et des découvertes qu'elle a faites elle a tiré des moyens nouveaux de procurer à l'oreille des plaisirs que celle-ci n'eût peut-être jamais goûtés, faute de connaître complétement ses propres aptitudes.

Nous n'avons pas à expliquer cette science de la musique. Mais nous pouvons jeter un coup d'œil rapide sur ses découvertes les plus récentes. Elles nous ont appris ou confirmé par des expériences décisives les vérités que voici. Le *bruit* se compose de mouvements confus, de durée et d'intensité inégales : chaque *son* se compose de mouvements rhythmiques, persistant semblables à eux-mêmes pendant quelque temps. Chaque son que nous percevons comme un et simple est toujours accompagné d'un certain nombre de notes parasites appelées *harmoniques*, la vibration totale qui constitue le son comprenant des fragments de vibration qui se succèdent régulièrement les uns aux autres. Un même mouvement ondulatoire comprend des mouvements partiels distincts ; mais ces mouvements ne doivent pas se contrarier. Pour que l'oreille les accepte en quelque sorte sans résistance, il faut qu'ils se succèdent sans interruption et sans saccade. En effet, toute sensation intermittente irrite et fatigue les nerfs. Qu'il s'agisse d'une lumière vacillante ou d'un son intermittent, l'effet est le même : la sensibilité ne peut s'habituer à aucun état ; on lui laisse juste le temps de revenir à sa sensibilité primitive, et à peine s'y est-elle retrouvée qu'on l'en dérange de nouveau, et ainsi de suite. C'est là l'effet que produisent bon nombre de sons dans la nature. Aussi ne peut-il être sérieusement question de les reproduire tous et tels quels. L'oreille et l'imagination humaines ayant voulu des sons capables de leur plaire, il a presque fallu les inventer ; il a fallu, dans tous les cas, choisir, éprouver, purifier en quelque sorte les éléments eux-mêmes de la musique, les simples matériaux non encore soumis au travail organisateur de l'esprit. Dans chacune de ces notes musicales élues et consacrées pour l'usage de l'art, les harmoniques diffèrent entre elles et diffèrent du son fondamental en ce qu'elles correspondent à des nombres de vibrations deux, trois, quatre, cinq fois plus grands que celui du son fondamental. Mais grâce à la régularité et à la fixité de ces rapports mathématiques, la décomposition du son total se fait sans intermittences ; les vibrations partielles se superposent sans se contrarier, et finalement l'oreille perçoit un son qui est un. Ainsi, la succession continue, le simple dans le multiple, l'unité dans la variété, voilà déjà les caractères distinctifs du son musical, de celui que l'oreille aime à entendre, que l'imagination cherche et se plaît à retrouver.

Les lois qui président aux accords des sons entre eux ne sont autres que celles qui présidaient à l'accord des éléments partiels de chaque son. D'une manière générale, il y a consonnance quand l'oreille perçoit des impressions simples et continues. Les dissonances résultent des alternances de force et de faiblesse des sons (c'est ce qu'on nomme des *battements*), elles ne permettent pas d'analyser nettement les sons et de ne sentir qu'une note à la fois. Or, deux notes étant données, les chœurs de notes élémentaires qu'elles développent l'une et l'autre peuvent se contrarier, si les unes ou les autres de ces harmoniques entrent en conflit et créent ainsi des alternances ou des battements : c'est là ce qu'il faut éviter. Mais de même que les consonnances sortent pour ainsi dire de l'essence même de la note, de même les gammes sortent des consonnances ; et les accords considérés comme sons complexes présentent entre eux les mêmes relations d'affinité que les notes de la gamme. On a pu le dire avec autant d'élégance que de précision : « La musique entière est enfermée dans un son : elle en sort par une façon d'embryogénie naturelle. » La série des harmoniques de chaque son engendre la série hiérarchiques des consonnances ; celles-ci étant données, la gamme se trouve créée ou du moins appuyée sur ses bases fondamentales.

Ceci posé, avait-on tort ou raison quand on cherchait jadis à expliquer les préférences de l'oreille par des raisons psychologiques ? « L'âme, disait Sauveur, aime à la fois les perceptions simples et les perceptions variées. » Euler, de son côté, a dit : « En tout, nous aimons l'ordre, et l'ordre est facile à saisir ; or, dans les sons, il est deux choses où il peut se manifester, la hauteur et la durée : l'ordre dans la durée est le rhythme ou la mesure, l'ordre dans la hauteur consiste dans une proportion simple entre les vibrations. Ainsi, les dissonances, ajoute Euler, ne déplaisent que parce qu'elles éveillent l'idée d'anarchie numérique. » On trouve aujourd'hui que ces explications sont trop métaphysiques. On allègue que la pureté des consonnances tient uniquement à la répétition des mêmes harmoniques. On objecte particulièrement à Euler que l'oreille ne peut juger des rapports de vibrations qui ne durent que des millièmes de seconde. « Les observations des astronomes, dit-on, montrent que l'oreille sépare tout au plus deux battements de pendules dont l'intervalle est d'un cinquantième de seconde. Comment supposer qu'elle puisse apprécier numériquement les rapports de deux nombres de vibrations tels que 5,000 et 5,050, par exemple, où il y a respectivement 100 à 101 vibrations par seconde? Et pourtant, elle reconnaît facilement ce rapport en tant qu'intervalle musical[1]. »

Ne confondons rien. Non, ce n'est pas parce que l'esprit constate, analyse et décompose l'ordre de certains sons que l'oreille a plaisir à les entendre. Mais d'abord, l'oreille n'a plaisir à les entendre que parce qu'il y préside un certain ordre. Puis, à l'oreille humaine est joint un esprit qui incontestablement est ami de l'ordre, le seul fait d'avoir ainsi raisonné ses sensations auditives le prouverait au besoin. Au plaisir physique s'ajoute donc un plaisir intellectuel : ou plutôt l'un et l'autre se confondent dans une jouissance qui tient à la fois de l'une et de l'autre, et qui est, à proprement parler, le plaisir de l'imagination active et artistique.

Et en effet, de ce que certains sons ont par eux-mêmes un charme physique qui leur assure une action toujours facile sur notre organisation corporelle, il ne s'ensuit pas que ces sons ne doivent avoir aucune expression pour l'esprit. N'est-ce pas, au contraire, une condition de plus pour qu'ils puissent en avoir

1. Radau, *L'acoustique*, p. 299.

une, c'est-à-dire pour que l'esprit aime à les retrouver, à les grouper, à les ordonner dans des combinaisons respectant à la fois ses lois et les leurs?

Nous l'avons vu, l'expression en musique dépend et de la nature des sons isolés, et plus encore des accords successifs ou simultanés, de la mélodie ou de l'harmonie des sons. Mais là comme ici, c'est-à-dire dans les notes elles-mêmes, il y a multiplicité, il y a succession, il y a mouvement; et la nature de ce mouvement varie. Or, le mouvement, c'est l'action, c'est la manifestation extérieure de la puissance et de ses diverses manières d'être. Allons plus avant. On sait que la même note de musique donnée par des voix et des instruments différents ne produira pas le même effet. Ce caractère tout personnel se nomme le timbre, et l'on sait aujourd'hui ce qui le constitue, c'est la fusion de notes aiguës plus ou moins nombreuses et plus ou moins intenses avec un son fondamental. Mais qu'est-ce donc qui détermine le timbre de notre voix? Qu'est-ce donc qui nous amène ou nous contraint malgré nous à lui donner, par le mode d'émission que nous adoptons, l'un ou l'autre de ces caractères si variés et si distincts que nous énumérions plus haut? C'est évidemment la nature de l'émotion ressentie, de l'affection éprouvée, de la pensée conçue, de la volonté arrêtée, et de l'effort qui en découle. Maintenant, qu'est-ce qui nous permet de caractériser comme nous le faisons le timbre de chaque instrument? N'est-ce pas la manière dont il nous rappelle tel ou tel timbre de voix? Car alors même que les ressources qu'un instrument déploie dépassent par certains côtés celles de la voix humaine, est-ce que nous ne sommes pas d'accord, peuple, artistes et savants, pour lui prêter cependant une voix et une âme ? Voici un écrivain aussi exact que coloré, M. Laugel, qui taxe de trop métaphysique l'explication d'Euler. Pour lui néanmoins, tel instrument de musique a des sons plus passionnés, tel autre a plus de noblesse, tel plus de douceur et de sérénité. Il nous explique avec la précision d'un savant comment le timbre de l'orgue vient de ce qu'on entend le son dominant beaucoup plus que ses harmoniques. Mais il ajoute : « L'orgue ne convient pas, comme les instruments à cordes (qui font entendre beaucoup d'harmoniques) à une certaine musique passionnée qui berce la sensibilité musicale, la caresse et l'enveloppe d'entrelacements souples et pour ainsi dire vivants. En revanche, quelle majesté ne donne point à son jeu la plénitude des notes qui, tant qu'elles sont tenues, conservent la même puissance ! Comme ces voix mâles, résolues, patientes, où l'on ne sent jamais l'émotion de l'homme, conviennent bien à une musique austère qui ne cherche ses effets que dans les savantes combinaisons de l'harmonie. Le caractère impersonnel de l'orgue en fait l'instrument religieux par excellence. Il y a quelque chose de plus implacable dans ses rugissements et ses tonnerres que dans ceux d'un orchestre ordinaire ; et dans ses mélodies les plus douces et les plus tendres, on sent je ne sais quelle sérénité, quel détachement de la passion humaine ; le trouble devient terreur, le plaisir extase[1]. »

1. Laugel, *La voix, l'oreille et la musique.*

On le voit donc, nous ne caractérisons nul son musical qu'en faisant de lui, par une sorte de fiction universellement acceptée, le résultat d'une émotion supposée toute semblable à l'une des nôtres. Autrement dit, pour que notre nature tout entière se complaise dans le bien être qu'un son développe en nous par l'intermédiaire de notre oreille, il faut qu'à cette première activité, partielle, du sens auditif, puisse correspondre une activité plus générale; il faut que dans cette sympathie, le plus souvent inconsciente, notre âme se sente ou invitée ou entraînée à jouir de sa propre énergie, en la sentant se développer avec suite, harmonie et unité. Si donc, dans l'art comme dans la science, nous tendons involontairement à concevoir le monde à notre image, c'est bien au fond de nous, dans notre conscience et dans notre âme, que le sentiment du beau trouve sa cause véritable. Le monde n'est pour nous intelligible qu'autant que nous en pouvons réduire les phénomènes aux lois de notre raison. De même, il ne nous paraît beau qu'autant qu'il a pu exciter dans notre âme, convenablement préparée, le sentiment d'une énergie harmonieuse qui est bien nôtre.

Considérons maintenant que ces sons musicaux, l'imagination du compositeur peut les faire entrer dans un nombre illimité de combinaisons. De quelle puissance donc ne dispose-t-elle pas pour remuer, pour ébranler, pour charmer nos sens et notre âme! « Toute variation, dit l'écrivain que nous venons de citer, fait deviner une force, une sorte de vie cachée. C'est pour cela que la musique tient notre sensibilité dans une angoisse si pénétrante et sous un charme si profond. Elle nous force peu à peu à faire des rapprochements occultes et instinctifs entre les agents externes et ce moteur mystérieux que nous portons au dedans de nous-mêmes. Tandis que les sons flattent l'oreille, la dynamique qui en règle le rhythme, les ondulations et l'harmonie, obsède l'esprit. Il faut trouver un sens à ces agitations, à ces fluctuations; il faut chercher le lien mystique qui maintient l'ordre parmi les notes qui se poursuivent, s'enchevêtrent, se défient, se rapprochent. De là vient le privilége particulier de la musique ; elle permet à l'âme de superposer en quelque sorte ses émotions personnelles à la flottante harmonie. » Ainsi, non-seulement la musique nous excite et varie à chaque instant la puissance de ses excitations; mais à ces émotions mêmes qu'elle soulève elle impose son rhythme et sa mesure ; elle les entraîne, elle les précipite, elle les calme, elle les adoucit ; et en même temps elle laisse à l'esprit la liberté d'évoquer tous les souvenirs, les aspirations, les rêves, les projets, les espérances qui lui sont chères. A-t-elle à suivre les phases d'une action dramatique, comme elle le fait dans l'opéra, elle adapte ses mouvements à ceux des passions qui tour à tour dominent dans les personnages de la pièce. S'affranchit-elle et affranchit-elle aussi ses auditeurs du soin de s'intéresser à une action déterminée, se passe-t-elle, comme dans la symphonie, des indications trop précises de la parole, elle cherche encore à exciter quelque passion dont le caractère général et quelquefois même l'objet sont suffisamment indiqués : la passion héroïque, la passion religieuse, la passion de la nature champêtre. Veut-elle encore plus de liberté, elle ne laisse pas de donner à sa composition une unité provenant du ton qu'elle adopte. L'imagination de l'auditeur en recevra toujours une secousse particulière à la suite de laquelle elle s'élancera dans une direction ou dans une autre avec une allure déterminée, la sensibilité tout entière étant remuée d'une certaine façon. Mais toute passion, malgré l'unité que lui communique ou son objet ou le caractère de la personne qui l'éprouve, a ses péripéties et ses phases, parce qu'elle a ses heures d'enthousiasme et ses heures d'abattement, ses défaites et ses triomphes, ses consolations, ses retours, ses délices et ses angoisses. Elle a donc son *andante*, son *allegro*, son *adagio*, son *scherzo*,... et la symphonie qui fait se succéder ces divers caractères ou modes de mouvement ne fait que répondre aux exigences de notre sensibilité qu'elle excite et satisfait tout à la fois.

En résumé, nous communiquons et exprimons nos passions par certains états de notre organisme. Tout ce qui provoque et fait naître en nous de tels états fait aussi naître en nous ces passions dans une mesure plus ou moins grande, ou, pour mieux dire, nous les fait imaginer. La même route est parcourue en deux sens différents ; mais en somme la route est la même, car en nous le corps ne vit pas plus sans l'esprit que l'esprit ne vit sans le corps et ses organes.

Ces principes s'appliquent-ils aussi aux lignes, aux formes, aux couleurs et aux arts qui les mettent en œuvre? Nous le croyons, et nous allons essayer de le montrer.

L'élément premier des arts du dessin, c'est la ligne. La ligne appelle, pour être vue dans son ensemble, un mouvement oculaire qui la suit, qui s'adapte à son tracé, à son ondulation, bref, à son mouvement à elle. Mais, l'expérience de M. Chevreul sur le *pendule explorateur* nous l'a montré, le mouvement oculaire lui-même provoque une sorte de coopération sympathique du corps entier, des principaux organes tout au moins. N'y eût-il qu'une tendance naissante, sans résultat extérieur et apparent, il suffit que l'esprit en ait conscience pour qu'il se représente idéalement, pour qu'il imagine son propre corps se mouvant dans l'espace ; mais il l'imagine se mouvant soit avec une rectitude et une continuité qui supposent l'absence de tout obstacle, soit avec des soubresauts et des irrégularités qui éveillent nécessairement l'idée de la résistance et de la lutte. Le corps à lui seul, en tant que matière, ne serait qu'une masse inerte; il lui faut l'activité ou instinctive ou volontaire de l'être actif qui l'anime. C'est, si l'on veut, un instrument, mais c'est précisément à cause de cela que l'esprit ne peut imaginer un mouvement corporel sans imaginer en même temps un acte de l'esprit capable de le produire et de le soutenir. Ainsi la vue d'une grande et forte épée suscite l'idée des coups qu'on peut frapper avec elle. Mais, à vrai dire, notre corps est pour notre âme bien plus qu'un instrument extérieur et étranger, puisque chacun des deux vit de la vie de l'autre. L'âme est donc naturellement portée à imaginer sous le mouvement de tout corps quel qu'il soit ce qu'elle est habituée à sentir et à voir sous les mouvements du sien, c'est-à-dire une activité spontanée qui, se gouvernant elle-même, tend à un but qu'elle désire et qu'elle aime, d'une âme, en un mot.

Revenons aux lignes. Il n'est pas difficile, d'accord avec les écrivains techniques et les artistes eux-mêmes, d'indiquer l'expression de chacune d'elles. Tout le monde sait que les lignes droites répondent à un sentiment d'austérité et de force. Ainsi, un arbre de bonne race qui enfonce profondément ses racines dans un sol qui lui convient, s'il ne rencontre autour de lui aucun obstacle, se dirige droit et haut dans les airs. Mais en même temps que son tronc s'élance verticalement, ses branches s'étendent dans le sens horizontal; et ainsi l'expression du calme se mélange à celle de la gravité imposante, elle en tempère la rigidité. En effet, « les lignes horizontales, qui expriment dans la nature le calme de la mer, la majesté des horizons à perte de vue, la tranquillité des arbres résistants et forts, l'apaisement du globe après les catastrophes qui l'ont jadis bouleversé, la durée immobile, éternelle,... les lignes horizontales expriment en peinture des sentiments analogues, le même caractère de repos solennel, de paix et de durée[1]. » L'enfance et la jeunesse des plantes, comme l'enfance et la jeunesse des animaux, quand elles ne sont point trop contrariées, offrent des contours arrondis, des formes tournantes et onduleuses. L'œil parcourt aisément ces formes, la main peut errer sur elles sans rencontrer aucun obstacle. Se reporte-t-on, comme le fait inévitablement

---

1. Charles Blanc.

l'intelligence, à la vie dont on croit ou dont on suppose ces corps animés, cette vie est faible encore; non-seulement elle ne dispose d'aucun surcroît d'énergie pour dominer, pour se répandre au dehors et se reproduire, mais elle semble appeler la protection. Et cependant elle se développe déjà dans un ordre dont les traits principaux se dessinent clairement à nos yeux. C'est donc une espérance « douce et frêle » qu'elle nous donne. Et y a-t-il rien dont l'imagination s'accommode mieux que de l'espérance? De pareilles formes convient donc l'œil et le toucher et l'esprit à un exercice facile; elles expriment naturellement la grâce. D'ailleurs, ne les retrouve-t-on pas dans l'adolescent et surtout dans la femme jeune, tandis que dans l'homme fait tout paraît se tendre et se roidir non-seulement pour l'action, mais pour la lutte?

On le voit, la plupart de ces expressions s'éclaircissent pour nous et se précisent au fur et à mesure que nous comparons entre elles, dans la nature, les existences et les formes variées qu'elles offrent à nos yeux. Mais cette expérience et ces comparaisons que supposent-elles? Une conscience claire de nous-mêmes et des lois essentielles de notre activité, puis une inclination constante à imaginer dans tous les autres êtres de l'univers une vie au moins analogue à la nôtre. En un mot, notre âme veut se retrouver et s'exprimer dans les choses. C'est à cette condition seulement qu'elle se plaît à les imaginer, quand elle est en pleine possession de ses facultés et qu'elle les dirige librement.

Si les lignes, prises même isolément, appellent, suivant leur nature, des associations d'images qui leur donnent une expression particulière, elles reçoivent une expression nouvelle de la façon dont on les groupe. Qu'elles soient parallèles, l'esprit de celui qui les voit éprouve la sensation vague de l'accord, fruit d'une certaine discipline ou d'une entente commune. Qu'elles soient divergentes, l'esprit y voit une image de la confusion et du désaccord : il pense inévitablement à un combat qui se livre ou qui s'apprête.

Dans l'architecture, l'imagination dispose d'abord de ces lignes qu'elle ordonne. Mais elle agit aussi sur la masse résistante que l'œil, instruit par le toucher, sait embrasser, même de loin. Chacune des dimensions de cette étendue solide, hauteur, largeur, profondeur, exige des sens eux-mêmes une opération qui a sa complexité : et cette complexité suffit pour entraîner tout un groupement d'images dans lesquelles l'intelligence se retrouve assez promptement, de là la valeur métaphorique de ces mots et le symbolisme universel des choses qu'ils désignent. La prédominance des pleins ou des vides, la grandeur ou la petitesse des dimensions, l'exacte proportion de ces dimensions ou la prédominance de l'une d'elles [1], l'étendue et la simplicité des surfaces comme la rectitude et la continuité des lignes ou leur agencement tourmenté, invitent nécessairement l'imagination du spectateur à des associations différentes. C'est ainsi qu'on a observé dans l'histoire de l'art trois genres de constructions parfaitement distincts et répondant aux caractères des religions qui les avaient réclamés et inspi-

---

[1]. Charles Blanc, *Grammaire des arts du dessin.*

récs. « Les temples de l'Inde sont profonds, les temples de l'Égypte sont larges, les églises chrétiennes sont hautes, et ces contrastes correspondent à des religions différentes[1]. »

Dans les monuments de l'architecture ogivale tout s'élance vers le ciel. C'est la hauteur qui domine. « La foi du moyen âge a soulevé la voûte romaine ; le souffle de l'esprit a poussé la tour jusqu'aux nuages. Il faudrait résister à l'évidence pour ne pas voir dans nos cathédrales gothiques l'œuvre d'un sentiment religieux, une image parlante de l'aspiration du croyant au paradis. »

« Les temples de l'Inde, ceux qui représentent l'architecture indigène sont taillés dans le roc vif. Les religions de l'Inde renferment toutes une idée panthéistique, unie à un sentiment profond des énergies de la nature. Le temple dut porter l'empreinte de cette idée et de ce sentiment. Or, le panthéisme est à la fois quelque chose d'immense et de vague. Que le temple s'agrandisse indéfiniment, qu'au lieu d'offrir un tout régulier, saisissable à l'œil, il force, par ce qu'il a d'inachevé, l'imagination à l'étendre encore, à l'étendre toujours, sans qu'elle arrive jamais à se le représenter tout ensemble comme un et comme circonscrit en des limites déterminées, l'idée panthéistique aura son expression. Mais pour que le sentiment relatif à la nature ait aussi la sienne, il faudra que ce même temple naisse en quelque sorte dans son sein, s'y développe, qu'elle en soit la mère, pour ainsi par-

---

1. *Ibid.*

ler. C'est là, dans ses ténébreuses entrailles, que l'artiste descendra, qu'il accomplira son œuvre, qu'il fera circuler la vie, une vie qui commence à peine à s'individualiser en des productions à l'état de simple ébauche : symbole d'un monde en germe, d'un monde qu'anime et qu'organise, dans la masse homogène de la substance primordiale, le souffle puissant de l'être universel. » (Lamennais.)

Avec ces éléments et la science qui lui permet de les mettre en œuvre, l'imagination de l'architecte a tous les moyens nécessaires pour répondre au double but de son art. En effet, l'œuvre architecturale doit tout d'abord offrir une exacte appropriation de toutes ses parties aux fins pour lesquelles on l'a construite ; il faut que l'œil embrasse avec promptitude et sans peine les moyens que procurent et les abords du monument et sa grandeur et ses aménagements divers pour l'accomplissement des actes privés ou sociaux, civils ou religieux qui doivent s'accomplir dans son enceinte. Il faut ensuite que l'aspect général, ou gracieux, ou léger, ou sévère, ou riche, ou simple... ne puisse que favoriser, encourager, développer les sentiments que la seule destination de l'édifice suppose dans l'âme de ceux qui le visitent habituellement ou qui l'habitent. Telles sont les préoccupations qui doivent inspirer l'architecte dans le choix des dimensions et des lignes qui s'offrent à lui avec leur expression propre et personnelle.

Au choix, au groupement, à l'ordonnance des lignes, le peintre ajoute le clair-obscur qui met certaines formes en relief et attire l'attention sur une partie spé-

L'IMAGINATION   Hachette & Cie Paris.

Delauney sc   Bertault Imp

EXPRESSION DES LIGNES VERTICALES EN ARCHITECTURE.
(La Cathédrale d'Amiens)

ciale de l'œuvre contemplée. Il ajoute aussi la couleur, forme diverse et ondoyante de la lumière, expression visible de la vie. La couleur dans la nature, exprime l'action accumulée et concentrée de forces chimiques intenses ou l'heureuse vivacité de la vie soit végétale soit animale, sous la double action et de la force intime de ces corps et du soleil. La couleur, avec ses mille variations, active, varie, multiplie les sensations de la vue qui sait y découvrir, par les gradations que l'art y ménage, des harmonies analogues aux harmonies des sons. Mais les lignes, les reliefs, le clair-obscur et la couleur ne servent au peintre qu'à mieux représenter l'homme et la nature. Ici, s'ouvre à l'imagination de l'artiste une carrière indéfinie. Toutes les formes des choses, tous les horizons de la nature, tous les gestes, les mouvements, les attitudes, tous les traits de physionomie de la personne humaine, toutes les scènes de l'histoire et de la vie, tous les objets visibles qui ont occupé et charmé son imagination, qui ont fait naître en son âme une émotion dont il se plaît à se souvenir, il peut les reproduire en choisissant, comme il le veut, dans la réalité, ce qui lui paraît le mieux répondre aux secrets désirs de son cœur.

Si le sculpteur n'a à sa disposition ni les horizons ni les couleurs, il a du moins, outre les attitudes et les gestes, le relief des formes. Il ne rend sans doute pas les sentiments délicats, intimes, fugitifs, que le pinceau peut exprimer par tant de nuances, mais il n'en est que plus heureusement obligé de choisir des formes corporelles qui plaisent par la beauté de leur ensemble et dans lesquelles la vie, par une impression simple et rapide, fait sentir sa force ou sa grâce.

Enfin, le littérateur et le poëte n'ont à leur service que des mots. Le mot est, lui aussi, taillé dans le son, comme la note. Il a pour origine plus ou moins lointaine un son expressif. Mais le sens primitif en est presque toujours élargi, modifié, métamorphosé même: car les conventions et l'usage l'ont lentement travaillé pour l'adapter de mieux en mieux aux exigences de l'entendement. Ce n'est donc plus par la voie des sens que les mots peuvent émouvoir l'imagination, c'est plutôt par celle de l'intelligence; et il est aisé de voir ce qui en résulte : un affaiblissement de la partie sensitive de l'image au profit de sa partie intellectuelle. Les mots sans doute s'adressent à l'oreille. Mais s'ils ne doivent pas la choquer, ils n'ont pas, du moins en général, à la charmer par des douceurs spéciales : la musique dans les vers et plus encore dans la prose, n'est qu'un agrément exceptionnel et dont il est bon, croyons-nous, de ne pas abuser. Le littérateur et le poëte s'adresseront donc plus directement à l'esprit. Il faut dire seulement que si dans l'activité intellectuelle qu'ils excitent et dirigent, l'image et l'idée se mélangent, comme il est inévitable qu'elles le fassent toujours dans toute pensée humaine, la prédominance de l'idée sera tantôt plus forte et tantôt plus faible, selon le bon plaisir de l'écrivain, selon ses aptitudes et selon le genre dans lequel s'exercera son talent. Une œuvre littéraire n'est taxée d'œuvre d'imagination (dans le sens exact et précis du mot) qu'autant que les images y dominent, que tout y est peint plutôt qu'analysé ou expliqué et que le lecteur y trouve plus de spectacles à contempler que de réflexions à faire ou de leçons à méditer. La critique et le public sur ce point sont d'accord. On trouve peu d'imagination dans Thucydide, dans Guizot : on en trouve beaucoup dans Plutarque, dans Tacite, dans Michelet. On en trouve peu dans Corneille et encore moins dans Racine : on en trouve beaucoup dans Shaskespeare. On en trouve très-peu dans Bourdaloue ; mais il y en a dans Bossuet. S'assurer qu'un ouvrage révèle une telle qualité n'est pas une tâche difficile. Supposez des lecteurs d'une imagination égale et moyenne, qui n'y mettent pas trop du leur. Si au sortir de leur lecture, il leur semble que les personnages vivent et agissent sous leurs yeux, s'ils les voient, s'ils les entendent, ou s'ils leur reconnaissent, dans la perspective de leurs souvenirs, des attitudes, des physionomies, des sons de voix qui les caractérisent, soyez-en sûr, il y avait beaucoup d'imagination dans leur auteur. S'ils ne songent qu'à raisonner, à comparer, à discuter, à rentrer en eux-mêmes et à réfléchir, c'est qu'il y avait dans l'œuvre tout juste autant d'images qu'il en fallait pour soutenir le travail de la pensée. Voilà un critérium précis et infaillible.

Une comparaison éclaircira mieux notre pensée. A la lecture de Racine, nous suivons la marche de la passion humaine, nous nous intéressons à ses luttes, nous sympathisons avec ses souffrauces ; mais c'est toujours dans l'*homme intérieur* que la psychologie pénétrante du poëte nous fait descendre : ses héros eux-mêmes scrutent devant nous leur propre cœur, ils analysent leurs sentiments les plus intimes; si, par exemple, le remords les tourmente, c'est un remords qui a de lui-même la conscience la plus lucide et qui se raisonne avec la plus précise exactitude.

> ... Ne crois pas qu'au moment que je t'aime,
> Innocente à mes yeux, je m'approuve moi-même,
> Ni que du fol amour qui trouble ma raison
> Ma lâche complaisance ait nourri le poison.
> Objet infortuné des vengeances célestes,
> Je m'abhorre encor plus que tu ne me détestes.
> . . . .
> Que dis-je? cet aveu que je viens de te faire,
> Cet aveu si honteux, le crois-tu volontaire?
> . . . .
> Faible projet d'un cœur trop plein de ce qu'il aime,
> Hélas! je ne t'ai pu parler que de toi-même!

Ce n'est pas ainsi, chacun le sait, que le remords des criminels éclate dans Shakespeare. Ce que l'auteur de *Macbeth* peint avec le plus de complaisance, ce sont les effets extérieurs du crime, ce sont les agitations et les désordres que produit, dans les fonctions mêmes du corps, la lutte des passions. Quand Racine fait dire à Phèdre :

> Il me semble déjà que ces murs, que ces voûtes
> Vont prendre la parole, et prêts à m'accuser
> Attendent mon époux pour le désabuser.

Nous savons que c'est là une pure métaphore. Phèdre a trop conservé dans l'exaltation de son amour la vue claire et l'intelligence réfléchie de ses fautes, pour que le remords qui la torture puisse troubler son cerveau et bouleverser ses sens. Mais ce qui est dans le poëte français une belle figure de rhétorique devient dans le poëte anglais une réalité : c'est par les sens que les criminels sont punis, c'est par les sens que la vue de leurs châtiments nous épouvante. De là ces peintures de l'hallucination, de la folie, du somnambulisme, qui font l'étonnement de nos aliénistes ; de sorte que la pathologie trouve autant à admirer dans Shakespeare que la psychologie dans Racine. Dans Shakespeare d'ailleurs, chaque personnage est peint ; il est posé, pour ainsi dire, devant nous, avec les détails les plus saillants de son organisation, de son tempérament, de sa santé même. Le poëte ne craint pas de nous faire voir Hamlet « gros et avec l'haleine courte », pour que nous puissions non-seulement nous expliquer, mais nous *représenter* sa nature maladive et rêveuse, sa lenteur dans l'action, ses bizarreries, même en amour.

Il est vrai de dire que le drame, fait pour être représenté, ne relève pas uniquement de la littérature et de la poésie proprement dites. La mise en scène, le groupement des personnages, leur habillement, leurs gestes, leur action, font de l'art dramatique un ensemble extrêmement complexe où l'on retrouve quelque chose des arts du dessin, des arts plastiques et de la musique. Le drame est fait pour parler aux yeux et à l'esprit. Il parle plus aux yeux dans Shakespeare, plus à l'esprit dans Racine. Il y a plus de drame dans le premier, plus de littérature et de poésie dans le second. Dans l'un comme dans l'autre cependant, c'est le travail de l'esprit qui domine, et de beaucoup. Les images, quelles qu'en soient la puissance et la beauté, sont mises, pour ainsi dire, au service des idées. Nous ne pensons pas qu'il puisse y avoir là matière à discussion.

Mais considérons l'art en général. Du moment où l'esprit fait de cette contemplation d'un certain nombre d'images un de ses plaisirs préférés, plaisir qu'il paye de sa peine, mais dont il goûte d'autant plus vivement les charmes qu'il est parvenu à en disposer plus librement, il faut que ces images forment pour lui des ensembles liés, suivis, harmonieux. Ce n'est donc pas le nombre et l'intensité des images dont le cerveau de l'artiste est hanté qui font sa puissance et son génie : c'est surtout la liberté avec laquelle il sait s'en rendre maître pour y incarner ses propres sentiments. On citera, nous le savons, de grands artistes, chez qui l'imagination sensible, la faculté représentative, la mémoire imaginative ont atteint des proportions extraordinaires. Ainsi Mozart notait un *miserere* tout entier, après l'avoir entendu une seule fois[1]. Mais cette mémoire qui touche de si près à l'imagination peut devoir son étendue et sa promptitude à deux ordres de causes qui ne se ressemblent guère. Il y a la mémoire du sot et la mémoire du savant. Il y a la mémoire de celui qui pouvait réciter un poëme à l'envers, sans même comprendre à quel point ce tour de force était niais ; et il y a la mémoire de Cuvier qui n'oubliait rien parce qu'il classait tout. Il y a de même l'imagination et la mémoire de ceux qui retiennent instantanément un air sans connaître la musique,

---

1. Voy. Taine, l'*Intelligence*, tome I, p. 87.

mais qui recevant des leçons méthodiques, n'y entendent rien et perdent leur faculté primitive ; et il y a la mémoire d'un artiste comme Mozart qui se rappelle que telle note vient après telle autre parce qu'elle doit venir à cette place et qu'elle y produit un bel effet. D'ailleurs, ne cite-t-on pas des artistes très-médiocres qui ont eu à un degré plus étonnant encore cette imagination sensitive et représentative [1] ? Ceux-ci n'ont rien tiré de leurs images qu'une rêverie incohérente et paresseuse ou que des excitations intermittentes qui les ont épuisés sans profit. Les autres, grâce à un heureux équilibre de leurs facultés, grâce à leur éducation et surtout à leur volonté personnelle, ont introduit dans ces représentations éclatantes, l'unité, l'ordre, l'harmonie. Et que de fois ç'a été au prix des plus durs tourments, de leur vie même, toute conception nouvelle leur imposant un travail nouveau. Ainsi encore, pour émouvoir l'imagination des autres hommes par la peinture des émotions tristes ou joyeuses qu'on a soi-même ressenties, il ne suffit pas d'avoir beaucoup joui ou beaucoup souffert, ni même de pouvoir, longtemps après, ressentir encore au fond de son cœur l'amertume ou la douceur ou l'ivresse de ses souvenirs. Il faut savoir dominer ses propres émotions. Loin de se complaire et de s'oublier dans ce qu'elles ont de plus personnel, il faut vouloir retrouver en soi-même ce qui seul peut intéresser les autres hommes, c'est-à-dire la commune nature de l'humanité. Il faut avoir le courage de se juger, de se tra-

---

1. Voy. même ouvrage, même volume, p. 945.

duire en quelque sorte devant soi. Peu d'hommes furent plus malheureux qu'Andrea del Sarto et Molière, s'obstinant à aimer la femme qui les trompait, ne pouvant s'empêcher d'être charmés par des faiblesses qu'ils jugeaient et dont ils se sentaient mourir. Mais beaucoup d'autres enfin ont eu des infortunes égales ou plus grandes, s'il est possible, et ils les ont ressenties profondément ; mais aucune œuvre, ni de littérature, ni de poésie, ni d'art, n'en est sortie. Si les deux hommes dont nous parlons ont été, dans des genres différents, de grands artistes, c'est qu'en faisant passer leur douleur de la sphère de la passion dans celle de l'intelligence, tous deux ont su s'en former des images sereines : l'un retraçant avec des lignes correctes et pures, dans des scènes calmes et avec une lumière apaisée la figure de celle qui torturait son âme ; l'autre sachant nous faire rire de faiblesses dont il épuisait, en imagination, tout le ridicule possible, mais qu'il n'avait nulle part mieux saisies que dans son propre cœur.

On doit commencer à voir quel est, selon nous, le rôle que joue l'image dans les grandes œuvres d'art. Ce rôle a son importance, sans doute. Faible dans les œuvres littéraires, il grandit dans les arts proprement dits et surtout dans la musique. L'idée dans l'œuvre d'art n'est pas une idée abstraite, comme celle qui remplit les œuvres de science et de raisonnement : c'est une idée vivante, qui se fait surtout sentir et goûter par les charmes sensibles du corps agissant dont elle est l'âme. Dans la musique et même dans les arts du dessin, c'est le plus souvent la sensation nette, forte et durable d'un effet d'ensemble qu'on veut produire, d'une émotion qu'on veut communiquer, d'un agrément particulier qu'on a découvert dans une chose qu'on aime et qu'on tient à faire aimer aux autres en en faisant briller les grâces à tous les yeux. On le voit donc, nous ne tenons pas à ce que l'art soit une philosophie, ni à ce que le peintre ou le musicien s'inspirent directement de la métaphysique. Mais avec quelque vivacité et quelque éclat que les images obsèdent l'esprit d'un artiste, elles ne peuvent arriver à la dignité d'œuvres d'art, durables et vivantes, que si elles sont assez disciplinées pour être réduites à l'harmonie. Il n'y a de *vie* qu'à la condition qu'il y ait harmonie, c'est-à-dire cohérence, sympathie, consentement et concours, unité enfin d'éléments multiples et divers associés en vue d'un même but. Or, entre ces images que produit l'automatisme cérébral et que la vie indépendante d'innombrables cellules enfante au gré des circonstances extérieures et du hasard, qu'est-ce donc qui pourrait, par l'élimination et par le choix, produire une telle unité, si ce n'est un principe un lui-même, en un mot une âme ? Une âme simple et capable de percevoir sa propre unité, voilà le principe de toute raison et de tout amour. Car la raison et l'amour cherchent également l'unité. Celle-là veut l'accord des phénomènes liés entre eux par des rapports mutuels ; celui-ci veut l'accord des volontés, l'union des corps et des âmes, la reproduction de soi-même en autrui, la vie multipliée et agrandie sans être pourtant divisée. Donc, chercher en quoi que ce soit l'harmonie et l'unité, c'est plus encore que de l'intelligence et du sentiment, c'est de l'âme, et ce qui fait le véritable artiste, c'est l'âme. Sans elle, des images accumulées, si fortes qu'elles fussent, ne formeraient rien de vivant.

Donc, en deux mots, le rôle de l'image est considérable, si l'on veut, mais il est subordonné, même dans l'art. Et pour résumer tous les développements qui précèdent, nous dirons : le travail qu'on attribue généralement à l'imagination dans les œuvres artistiques est un travail d'esprit : ce travail agit déjà, conformément aux lois de la raison, sur les éléments sensitifs eux-mêmes, sur les images élémentaires, sur la note, sur la ligne, sur la couleur, pour leur donner leur expression, en les animant et en les humanisant; il agit *a fortiori* sur le groupement et l'ordonnance harmonieuse de ces images[1].

Pour nous faire mieux comprendre, nous allons mettre sous les yeux du lecteur une théorie tout opposée et dont, ce nous semble, les lacunes se feront immédiatement sentir. C'est la théorie positiviste de l'esthétique et des beaux-arts, telle que l'a résumée la puissante intelligence de M. Littré.

---

1. C'est ce que proclame M. Helmoltz. Après avoir expliqué physiologiquement les causes de la consonnance musicale, il ajoute : « Il faut distinguer le bien-être des sens du beau esthétique, bien que le premier fournisse un moyen puissant d'arriver au but que poursuit le second.... Le système musical moderne est le produit, non d'une aveugle fatalité, mais d'un principe de style librement choisi.... La construction des gammes et des formes harmoniques est un produit de l'invention artistique et nullement le résultat immédiat de la structure ou des activités naturelles de notre oreille. » (Helmoltz, *Théorie physiologique de la musique*, trad. Guéroult, p. 306, 328, 9.)

« Les conditions du développement esthétique, dit M. Littré, sont constituées par des rapports mutuels et constants dans les sons, dans les couleurs et dans les lignes qui ont la propriété de satisfaire l'ouïe et la vue. L'ouïe et la vue sont les seuls sens qui saisissent certaines proportions numérales, géométriques, physiques ; et ces proportions définies ont pour notre sensibilité un charme qui est un fait. C'est cette satisfaction, c'est ce charme qui se transforme dans le cerveau en sentiment du beau.

« Les éléments de toute beauté sont, en dernière analyse, les accords des sons, les harmonies des couleurs, les régularités des lignes.

« Toute beauté a pour éléments les sons, les couleurs, les lignes. Or, ni les sons, ni les couleurs, ni les lignes ne sont destitués de rapports réguliers et constants. Physiquement, les vibrations par lesquelles le son est produit sont assujetties à la loi des nombres ; et physiologiquement les sons produits par ces nombres plaisent à notre oreille ; c'est sur cette relation entre la physique et la physiologie que s'élèvera toute la musique. Comme les sons, les couleurs présentent des concordances auxquelles on a donné le nom d'harmonie et qui flattent l'œil par une propriété spéciale de la sensibilité. Puis, comme l'œil n'est disposé que pour sentir la lumière et la couleur et qu'il n'apprécie les formes que secondairement et à la suite de son association avec le toucher, il transporte la concordance et l'harmonie des couleurs dans les formes et en construit la sensation fondamentale de symétrie, de correspondance ; et c'est sur ce rapport entre la physique et la physiologie que s'élèvera toute la plastique[1]. »

Telle est, en résumé, l'esthétique positiviste. Mais d'abord, d'une manière générale, qu'entend-on par *conditions* du développement esthétique? Les conditions d'une chose ne sont pas toujours cette chose même. Elles la rendent possible, sans doute, mais ne la font pas à elles toutes seules. Disons encore que ce qu'on découvre, *en dernière analyse*, au fond d'une réalité quelconque, les éléments ultimes qu'on y rencontre, ou bien encore le caractère par lequel on voit qu'elle a débuté dans son évolution, est-ce donc là ce qui doit donner l'explication totale et complète de cette réalité? La synthèse de ces éléments s'est-elle faite d'elle-meme? Nous avons dit sans doute — et on pourrait nous l'objecter — que les lois de la musique sont toutes renfermées dans la note et en dérivent. Oui; mais parce que dans la note elle-même, entendue et goûtée par l'homme intelligent, nous avons vu autre chose que la vibration nerveuse, dernier élément auquel, dans son travail d'analyse et d'abstraction à outrance, le positivisme est obligé d'aller. Analysez Notre-Dame de Paris. Qu'y trouverez-vous au bout du compte? Des pierres : mais des pierres dont chacune a été travaillée par une main intelligente, puis posée de manière à s'accorder avec ses voisines, à supporter un fragment plus considérable de l'édifice, puis enfin, à réaliser par lui et avec lui le plan total du monument. Ainsi, ce qui plaît à

---

[1]. *La philosophie positive*, numéro de novembre, décembre 1867.

l'homme dans les sensations qu'il provoque, ce ne sont pas les sensations proprement dites, mais leurs rapports, par exemple les accords dans la musique et les gradations dans la peinture; ou, ce qui revient au même, c'est la possibilité qu'il a de passer de l'une à l'autre par un mouvement continu, facile et prompt, dans lequel il sent sa propre activité, sa propre vie qui s'épanouit, qui se dilate, qui s'accélère, et cependant se retrouve et se possède sans s'épuiser. Nous voulons donc bien que les éléments de toute beauté soient en dernière analyse les accords des sons, les harmonies des couleurs... mais à la condition qu'on ajoute : sentis par une âme et ordonnés conformément à ses lois. Qu'est-ce, en effet, qu'un œil qui emprunte au toucher de quoi compléter ses impressions, puis qui transporte la concordance dans les formes et construit des sensations ? Qu'est-ce qu'un cerveau qui transforme en sentiment du beau une satisfaction physique locale ? Ce sont là des métaphores ou des abstractions réalisées. Comment ne pas voir que tout ce travail des sens et du cerveau a son unité ? Mais le principe de cette unité où le chercher ? Dans laquelle de ces incalculables cellules, de ces innombrables fibres du système nerveux, dont aucune ne commence ni ne termine aucun mouvement de l'organisme et dans lesquelles se poursuit incessamment un *circulus* dont il est impossible de trouver en aucun point de l'économie ni le début, ni la fin ? « Le moi seul, comme l'écrit l'ingénieux, charmant et profond Töppfer, a pu, indépendamment du raisonnement et par voie d'expansion, en s'infusant dans l'œuvre tout entière, lui imprimer sa propre individualité, c'est-à-dire un mode d'ordre et de relation trop éclatant pour ne pas frapper d'emblée, mais (dans certaines œuvres tout au moins [1]) trop intime et trop mystérieux pour pouvoir être aperçu par l'analyse rationnelle [2]. »

Un autre écrivain d'un talent plus brillant et d'un esprit plus hardi, M. Taine, a donné sur ce sujet des aperçus très-dignes d'attention. Mais il importe de se défier de l'espèce de parti pris avec lequel l'auteur entasse les métaphores tirées de la physique, de la mécanique ou tout au plus de la pathologie. Essayons d'en faire notre profit, sans nous laisser abuser par de prétendues explications qui soulèvent souvent plus de questions qu'elles n'en résolvent.

D'après M. Taine, une œuvre d'imagination suppose deux conditions :

1° Une vive sensation spontanée groupant autour d'elle tout un cortége d'idées accessoires et transformant les impressions voisines.

2° La vue d'un caractère essentiel ou dominant, cause ou objet de cette sensation plus vive que les autres.

Reprenons ces deux propositions. Oui, une sensation forte et vive a bien la puissance que M. Taine lui attribue. Comme ces ferments qui dénaturent le milieu dans lequel ils plongent, en attirant à eux et en s'assimilant ce qui leur convient, une impression puissante, une vive image peut altérer promptement

---

1. L'auteur parle là plus spécialement des œuvres musicales.
2. Töpffer, *Réflexions et menus propos d'un peintre genevois*, livre VII, chap. xxiv.

les rapports de notre sensibilité avec les choses. Mais cette influence, elle l'exerce déjà, de la plus remarquable façon, dans les névroses extraordinaires, dans le somnambulisme et dans l'extase. « Cette sensation si vive, dit M. Taine[1], ne reste pas inactive. Toute la machine pensante et nerveuse en reçoit l'ébranlement par contre-coup. » Ces expressions où la machine joue vraiment un trop grand rôle, s'appliqueraient fort exactement, encore une fois, à l'extase pathologique. Où donc est la différence? Dans les états de maladie, l'image n'opère une telle action qu'à l'insu de l'individu, sans son concours et dans des fins absolument insignifiantes. Or, qui dira sérieusement que chez l'artiste éclate ainsi une sensation vraiment spontanée qui, s'emparant de lui malgré lui, trace dans son cerveau les lignes et les couleurs du tableau que, docile esclave d'une inspiration étrangère, il reproduira sur sa toile? On a bien écrit, nous le savons, des phrases analogues, mais c'est abuser de la rhétorique. Des artistes inconscients, des artistes obéissant malgré eux à la voix impérieuse d'une puissance qui ne leur laisse pas plus la direction de leur travail que celle de leur vie quotidienne et de leur conduite morale, ce sont là des formules retentissantes, mais parfaitement creuses et dont le règne, ce nous semble, est fini. L'histoire l'a pleinement mis en lumière : tous les grands artistes ont travaillé, ont étudié, ont réfléchi ; ils ont réfléchi sur la nature et sur eux-mêmes et sur les lois de leur art. Ils ont étudié l'anatomie, disséqué

---

1. Taine, *Philosophie de l'art*.

des cadavres, approfondi les lois des couleurs, scruté la mathématique de la musique, expérimenté sur les procédés techniques que souvent ils ont agrandis, renouvelés, révolutionnés même, à force de tâtonnements et de patience. Admettons que leur idée, leur sensation dominante, si l'on veut, doive en grande partie sa puissance à un concours de causes qu'ils ne peuvent pas toutes connaître et qu'ils ne veulent pas analyser — et il y a dans cette supposition beaucoup de vrai — en sont-ils moins obligés de rechercher, d'éprouver toutes les expressions possibles de leur sensation personnelle, pour choisir celles qui la leur rendent plus ou moins agrandie, fortifiée, éclairée, épurée, fixée enfin sous une forme transparente pour tous, et capable de charmer à jamais l'imagination des autres hommes?

Qu'on le remarque donc bien, nous tenons pour exact le fait dont parle M. Taine, qu'à la formation de toute œuvre d'art préside une idée ou image dominante, groupant autour d'elle tout un chœur d'images accessoires. Mais le fait, *ainsi désigné*, se retrouve chez le malade et chez l'artiste. Or, l'œuvre de l'un se distingue profondément de celle de l'autre. L'artiste seul a une conscience claire de son travail; seul il déploie une activité vraiment personnelle; seul il construit un ensemble intelligible et dont l'action sur les âmes cultivées est aussi agréable et aussi bienfaisante qu'elle est sûre.

Mais pour mieux nous expliquer ces différences, demandons-nous d'où vient cette image dominante. Ici, nous trouvons la seconde proposition de M. Taine:

elle a un rapport étroit avec la première, et comme elle, elle peut être interprétée diversement. Dans les névroses que nous avons étudiées, l'image dominante vient ou d'une préoccupation qui poursuit obstinément l'individu, ou de l'obsession irrésistible d'un organe malade, ou d'une suggestion quelconque qu'un expérimentateur impose au patient. Dans la formation d'une œuvre d'art, elle est fournie, dit M. Taine, par un caractère essentiel ou dominant de l'objet vu et contemplé. Cela est parfaitement dit. Et voici un commentaire qui ne vaut pas moins. « L'architecte, par exemple, ayant conçu tel caractère dominant, la sérénité, la simplicité, la force, l'élégance, comme jadis en Grèce et à Rome, ou bien l'étrangeté, la variété, la fantaisie, comme aux temps gothiques, peut choisir et combiner les liaisons, les proportions, les dimensions, les formes, les positions, bref les rapports des matériaux, c'est-à-dire de certaines grandeurs visibles, de manière à manifester le caractère conçu. Ainsi encore en musique : quel que soit le point de vue qu'un compositeur ait préféré, les sons constituent toujours des ensembles de parties liées à la fois par leurs rapports mathématiques et par la correspondance qu'ils ont avec les passions et les divers états intérieurs de l'être moral. En sorte que le musicien qui a conçu un certain caractère important et saillant des choses, la tristesse ou la joie, l'amour tendre ou la colère emportée, telle autre idée ou tel autre sentiment quel qu'il soit, peut choisir et combiner à son gré, dans ces liaisons mathématiques et dans ces liaisons morales, de façon à manifester le caractère qu'il a conçu.

« Ainsi, tous les arts rentrent dans la définition présentée. Dans l'architecture et dans la musique, comme dans la sculpture, la peinture et la poésie, l'œuvre a pour but de manifester quelque caractère essentiel, et emploie pour moyen un ensemble de parties liées dont l'artiste combine ou modifie les rapports[1]. »

Mais de ces observations si justes et si bien exprimées, ne sommes-nous pas déjà en droit de conclure que les caractères essentiels sont, *au point de vue de l'art*, innombrables, qu'il est permis à l'imagination d'en trouver chaque jour de nouveaux, qu'ils ne s'imposent pas du dehors et ne ressortent pas de la seule vue des choses, mais que l'artiste est libre d'en trouver et d'en élire, comme il lui plaît, pourvu qu'il puisse y rattacher un certain nombre de caractères secondaires qui en dépendent, mais qui soient vrais et fournis par la nature. Faut-il entendre, comme beaucoup trop de phrases de M. Taine semblent nous y inviter, que chaque être, chaque portion de l'univers ayant un caractère essentiel, l'art n'a rien à faire qu'à le compléter et à le mieux mettre en saillie, après l'avoir découvert? Non. Ce serait là trop limiter le domaine de l'art. Si le peintre s'est chargé de me donner le portrait de tel personnage, historique ou non, s'il se propose, comme but spécial et avoué, de me représenter tel paysage connu, déterminé, on pourra lui demander en effet de dégager le caractère essentiel et dominant de l'homme ou du paysage ; et il est pro-

---

1. *Ibid.*, p. 67 et 69.

LES CONDITIONS DE L'ŒUVRE D'ART ET LES IMAGES. 245

bable qu'il n'y en a qu'un[1]. Mais ce n'est là bien évidemment qu'une des formes nombreuses de l'art. Car, en général, ce qui distingue l'art de la science, c'est précisément ceci : la science doit prendre les êtres tels qu'ils sont, et elle doit nous les expliquer sans rien supposer ni rien omettre : l'art choisit, et parmi les caractères des choses qu'il veut soi-disant imiter, il choisit celui qui répond le mieux au sentiment qui l'anime[2], à sa fantaisie même ; et il n'en doit compte à personne, du moment où il réussit à composer un tout qui non-seulement attire le regard de l'homme intelligent, sensible et cultivé, mais le retient et le captive. Que son imagination doive se représenter fortement ce caractère, en demeurer tourmentée ou ravie, mais toute remplie enfin, pendant que sa main reproduit les images secondaires et de détail d'après la technique de son art, voilà qui est incontestable. Mais pour se représenter ce caractère qu'elle a élu et décrété dominateur, son âme n'a pas été passive, ni même simplement contemplative, elle a été active et libre. Elle a été libre, entendons-nous bien, dans sa conception première. C'est dans l'exécution seulement qu'intervient la science des moyens et des procédés, ainsi que l'observation minutieuse de la nature. Nous concluons donc au rebours de ce dont les métaphores

---

[1]. Et encore l'homme, le paysage sont modifiés d'un instant à l'autre par un grand nombre de circonstances entre lesquelles l'artiste peut choisir.

[2]. « Dans l'imagination, le siège de l'activité est dans le sentiment moteur, tandis que dans l'intelligence, elle se concentre tout entière dans l'idée même qu'elle fixe. » (Bonstetten.)

de M. Taine semblent vouloir nous persuader. Là où il place une série de contre-coups qui ébranlent la machine nerveuse, nous plaçons l'observation, le travail et l'étude. Là où il veut que l'esprit subisse l'irrésistible ascendant d'un caractère donné par les choses, nous plaçons la liberté du choix.

En vain, pour établir que cette liberté n'est qu'illusoire, accumulera-t-on toutes les conditions extérieures d'une œuvre d'art, la race, le siècle, le moment, le tempérament physique de l'artiste. Les aliments par lesquels s'entretient la vie ne sont pas cette vie même. Si riches et si nombreux qu'ils soient, ils ne se transforment en corps vivant que par l'action d'une vie déjà formée. On peut même dire que cette vie a d'autant plus besoin de vigueur et de force personnelle qu'elle a plus de matériaux à transformer. Non, l'on ne se trompait pas quand on faisait de l'originalité et de la puissance créatrice la marque du génie!

Ce mélange d'inspiration, de libre choix et d'étude, d'émotion personnelle et de science de la nature est-il difficile à comprendre? Nous ne le croyons pas. Remarquons-le d'abord, quand nous parlons de la passion qui tourmente l'artiste et le porte à créer, nous ne parlons pas d'une passion quelconque. Il en est (nous n'avons pas à le prouver ici) qui vouent l'homme au désordre, à la division de ses propres facultés, à la guerre avec lui-même, par conséquent à l'impuissance. Ce ne sont pas celles-là, à coup sûr, qui inspireront les belles œuvres. Mais supposons une nature non-seulement riche, mais bonne et sans envie, et remplie d'une émotion telle qu'elle puisse s'y abandonner sans remords et sans scrupules, et qu'elle en sente sa vie morale accrue et agrandie : ne voudra-t-elle pas la communiquer? S'il est vrai que nous sommes faits à l'image de la divinité, nous pouvons appliquer dans une certaine mesure à l'âme humaine ce que Platon dit de Dieu. « Il était bon : ce qui est bon est exempt d'envie. Exempt d'envie, il a voulu que les choses fussent, autant que possible, semblables à lui. » Toute âme bonne qui vit d'une vie intense, veut produire, elle aussi, des choses qui soient, autant que possible, semblables à l'idée qu'elle a d'elle-même. C'est là, suivant Platon encore, l'essence de l'amour, qui est, dit-il, la production dans la beauté, selon le corps et selon l'esprit. Prenons avec Platon le mot d'amour dans son acception la plus large : toute émotion qui fortifie et élargit la vie de l'âme n'est qu'une forme de l'amour, lequel veut créer. Mais il ne suffit pas de vouloir créer, il faut assurer la vie de l'œuvre qu'on a conçue. Or, dans l'art, tout est confié au travail de l'homme. Il ne peut pas compter ici, comme dans la formation d'êtres vivants pareils à lui, sur le concours de la nature, ni abandonner aux lois de la puissance universelle le germe émané de lui. Les lois qui président à l'affermissement de la vie de l'œuvre d'art, c'est lui-même qui doit les appliquer, les réaliser, par conséquent les comprendre. On peut dire seulement qu'il saura d'autant mieux les appliquer sans avoir besoin de réflexion abstraite et d'analyse, qu'il sera plus porté par la générosité de son amour à ne pas se départir un seul instant de la sollicitude qu'il porte à son idée, à vouloir que l'œuvre qu'il a conçue manifeste sensiblement les caractères inséparables de la vie et, avant tout, l'harmonie dans le mouvement.

Ainsi, la raison et l'amour sont bien deux formes sœurs d'une même vie. La raison cherche l'ordre abstrait : l'amour cherche l'ordre concret et vivant. Là est l'explication de leurs différences et de leurs rapports. Là aussi est l'explication de ce fait que les combinaisons d'images appelées œuvre d'art doivent toujours respecter les lois de la raison, et que néanmoins l'artiste applique souvent ces lois sans daigner en prendre une connaissance raisonnée comme le ferait un philosophe ou un savant.

XI

L'imagination poétique dans la science et dans la conduite
de la vie.

Dans un ouvrage bien digne de devenir classique (s'il ne l'est déjà), M. P. Janet, traitant du rôle de l'Imagination dans la science, a écrit ces lignes : « Non-seulement l'activité, mais la raison elle-même a besoin de l'Imagination : celle-ci est souvent un moyen puissant de découvrir la vérité; et je voudrais voir, dans les traités de logique, un chapitre intitulé : *Des erreurs commises par défaut d'imagination*. Un capitaine se trompe à la guerre parce que son imagination ne lui a pas représenté tous les cas possibles; ainsi d'un médecin, ainsi d'un négociant, de tous ceux qui sont obligés de calculer l'avenir. C'est l'imagination qui, leur représentant avec vivacité toutes les chances et tous les risques, leur fournit tous les éléments de calcul que la raison achèvera. La science elle-même, au moins la science de la nature, est impossible sans imagination; par elle Newton voit dans l'avenir et Cuvier dans le passé. Les grandes hypothèses d'où naissent les grandes théories sont filles de l'imagination [1]. »

Tout cela est rempli de sens autant que d'esprit; et à une époque surtout, c'était une protestation bien nécessaire contre ceux qui avaient tenté, jusque dans l'éducation de la jeunesse, de diviser par des séparations arbitraires les différentes facultés de l'esprit humain. Il ne faudrait certainement pas tout confondre ni étendre outre mesure le domaine de la faculté que nous étudions. Il y a une aptitude à trouver des idées, il y a une puissance de combinaison qui relèvent surtout du raisonnement et que l'on ne peut complétement assimiler à l'imagination, telle du moins que nous avons cru devoir la définir. Dans la science comme dans la poésie et les beaux-arts, il n'y a travail d'imagination que si les images gardent de quoi occuper et délecter le sens lui-même par leur coloration, leur relief et leur contour, leur arrangement agréable et facile à contempler. Mais même ainsi ramenée à son sens strict, l'imagination est encore d'un secours puissant dans les sciences.

D'abord, il est des êtres ou des phénomènes de la nature qu'on ne peut s'expliquer parfaitement qu'autant qu'on se les représente avec force et netteté. Comprendre exactement le rôle d'un organe dans un corps vivant, c'est le voir à sa place avec les connexions qui, le rattachant au reste de l'économie, lui

---

1. P. Janet, *la Philosophie du bonheur.*

permettent de fonctionner à sa manière et de rendre au corps tout entier des services déterminés. Mais ce que nous disons là des corps organisés, nous devons le dire aussi de tout ce qui forme un système lié, c'est-à-dire en somme de toutes les réalités qu'étudient les sciences de la nature et de toutes les constructions de l'art humain. Nous ne faisons de progrès ni en astronomie, ni en physique, ni en mécanique, si nous ne pouvons nous représenter, comme en un tableau clair et bien dessiné, les corps célestes avec leurs mouvements, les instruments et les machines avec l'agencement de leurs parties et les phases de leur travail. Là, ce n'est assez ni du regard proprement dit, ni de la conception abstraite et du raisonnement : ce qu'il faut, c'est l'œil de l'esprit, c'est une image éclairée et rectifiée par un travail intellectuel.

S'il nous était permis de découvrir immédiatement et sans peine l'unité qui préside à cette diversité des organes, notre imagination n'en devrait pas moins donner son concours pour nous aider à fixer devant nous et à embrasser aisément d'un coup d'œil cette harmonieuse complexité. Mais il s'agit pour nous la plupart du temps de découvrir un ordre caché ; or, suivant le précepte de Descartes et de toute logique, nous n'avons chance de le trouver que si nous commençons par en supposer un, quitte à vérifier patiemment si celui que nous nous représentons est bien le même que celui que la nature a adopté.

Mais ce travail d'imagination consiste-t-il simplement dans un ensemble de représentations assez bien construites et assez saillantes pour que nous puissions mentalement le suivre et nous y retrouver? C'est déjà beaucoup, sans doute, mais le savant complet doit faire plus. Toutes ces lignes qu'il agence, toutes ces combinaisons qu'il achève, il faut qu'il les voie *belles*, il faut qu'à ses yeux elles *expriment* l'action d'une force puissante et pleine de raison, c'est-à-dire réduisant à l'unité les manifestations multiples de son action. Dans la science comme dans l'art, l'esprit ne peut, à l'occasion des images qu'il réunit, goûter une jouissance vive et durable que si dans la conscience qu'il a de lui-même, il peut, à travers toutes ces images, sentir sa propre unité affermie par le développement d'une activité livre et féconde. C'est que l'esprit humain ne veut connaître la nature qu'en vue de la dominer. Quand il croit avoir surpris un de ses secrets il se sent déjà maître d'elle. Aussi, quelles que soient les différences qui séparent la science spéculative de l'art et de l'industrie, c'est toujours sur la quantité d'idées ramenées à l'unité, c'est-à-dire sur le perfectionnement apporté à l'intelligence humaine ou sur la conscience plus intime qui lui est donnée de sa propre puissance, que nous mesurons la valeur des théories et des systèmes. — Il s'agit, dira-t-on, de trouver ce qui est et de le constater, rien de plus ; et là où il ne faut qu'entasser des faits, l'imagination n'est d'aucun secours. — Mais tant que les faits constatés ne forment pas des ensembles où nous puissions reconnaître un art digne de rivaliser avec le nôtre ou plutôt de lui servir de modèle, nous ne croyons pas que tous les faits aient été découverts ou classés et mis à leur véritable place : notre imagination surexcitée et non satisfaite tient alors nos autres facultés en éveil, elle les met à la poursuite de faits nouveaux.

La conséquence de ces lois se remarque aisément dans l'histoire des sciences. Tantôt, c'est la contemplation de la nature qui nous aide à établir dans nos ouvrages un ordre analogue au sien : Platon et Aristote proclament que tout discours et tout poëme doit être un comme l'être vivant (ἕν, ὡςπέρ ζωόν) ; Buffon, traçant les règles du style, veut que l'orateur procède comme fait la nature dans la construction des organismes ; une science plus moderne enfin offre en modèle aux sociétés humaines ce même organisme, achevé et développé, avec sa division du travail et sa centralisation nerveuse, qui fait que l'organisme le plus complexe est en même temps le plus un... Tantôt au contraire, c'est le sentiment profond des conditions de l'œuvre d'art et la conviction que la nature est le produit d'un art sublime qui nous aide à retrouver en elle un ordre demeuré inconnu jusque-là : ainsi toute hypothèse réputée inutile est condamnée, toute classification compliquée semble par là même imparfaite, et ainsi de suite. Qu'on en soit donc bien convaincu, là même où la science paraît n'avoir que des abstractions à réunir et à construire, il est toujours nécessaire d'avoir contracté, par la culture de l'imagination et le commerce intelligent des œuvres qui relèvent d'elle, certaines habitudes esthétiques aptes à développer en nous l'amour et le besoin du beau.

Nous en dirons autant pour la conduite de la vie.

Le gouvernement de l'existence humaine est à la fois une œuvre de science et une œuvre d'art. Un poëte contemporain l'a dit, une grande vie, c'est un rêve de la jeunesse réalisé par l'âge mur. Pourquoi un rêve de la jeunesse? Parce que la jeunesse est l'âge par excellence de la générosité, du désintéressement et de l'enthousiasme, l'âge où l'esprit de l'homme, n'ayant pas encore été rapetissé par la vie, suivant l'expression d'Aristote, s'éprend volontiers de l'héroïsme, réclame en toutes choses la perfection, et se flatte même d'y atteindre. Que le jeune homme donc, au lieu de disperser son énergie dans des plaisirs faciles, conçoive quelque vaste projet, dont la beauté enflamme son courage et donne un but fixe à ses ardeurs! Il possédera dès lors, s'il le veut, l'unité de sa vie, et d'avance il pourra la composer comme un poëme.

Mais la composition d'une œuvre d'art exige un travail persévérant, une connaissance approfondie de la nature et la pratique éclairée de maint procédé technique. La réalisation du beau rêve de la jeunesse exige, elle aussi, des luttes incessantes dirigées par une connaissance exacte de son temps, de son pays, de mille circonstances dont il faut savoir se servir parce qu'on ne peut pas les modifier. L'imagination de celui qui veut le succès n'est pas seulement éprise du beau rêve : anticipant sur l'avenir, elle se le figure sans cesse réalisé : nul moyen d'action, nul événement nouveau ne l'intéresse qu'autant qu'il facilite ou contrarie le rêve caressé. Mais ce que l'imagination se représente, la volonté l'exécute. De là, ce mélange de hardiesse, de grandeur, de romanesque même, et de patience, d'habileté, souvent de ruse qu'offrent les vies des plus grands hommes de l'histoire.

De la vie individuelle passons-nous à la vie collective des nations, l'influence de l'imagination s'y fait sentir encore et de la même manière. Un peuple n'est vraiment un, c'est-à-dire ne compte dans l'humanité que quand tous ceux qui le composent ont leurs imaginations attristées par les mêmes regrets, charmés par les mêmes rêves de grandeur, entraînées par les mêmes espérances. Un grand poëte qui sait fixer ces images flottantes çà et là, et qui leur assure une domination durable sur des esprits jusqu'alors étrangers les uns aux autres ou divisés, celui-là fait souvent plus qu'un général victorieux pour assurer l'unité d'un peuple et lui constituer une patrie.

Sous ces formes différentes, l'imagination garde toujours les mêmes caractères essentiels. Elle cherche à réunir des représentations colorées sans doute, nettement tracées et harmonieuses, que nos sens aspirent en quelque sorte à voir, à toucher ou à entendre; mais elle veut aussi sous ces traits sensibles se représenter des états de l'âme. Les images n'ont de charmes et d'attraits durables qu'à ce prix.

Si, en effet, nous nous relâchons de cette énergie soutenue, si nécessaire pour discipliner les images ou ne laisser pénétrer dans notre esprit que celles qui peuvent s'accorder sans violence avec un besoin supérieur d'ordre et de raison, alors la passion vulgaire avec ses incohérences, la fantaisie avec ses chimères nous envahissent et nous dominent : nous revenons peu à peu à ces états où le vide de nos idées et l'impuissance de notre vouloir sont si mal dissimulés par l'agitation stérile de nos organes et par l'éclat superficiel de nos images.

CONCLUSION

Qu'on veuille bien maintenant y faire attention : toutes les conclusions que nous venons de développer sont autant de conséquences de la nature mixte de l'imagination telle que nous l'avons reconnue et analysée.

Nous vivons dans la nature et avec elle. Par nos sens toujours ouverts, elle nous remplit des images de ses phénomènes, et c'est par les sens, conséquemment par les images, que nous trouvons les jouissances, non pas les plus durables, mais les plus faciles et les plus promptes à saisir. Alors même que notre esprit veut satisfaire aux exigences qui lui sont propres, les sens viennent à tout instant mêler leurs désirs aux siens, et nous inclinons toujours à les satisfaire. Le besoin d'imaginer pour le seul plaisir d'imaginer n'a pas d'autre origine.

Mais la réciproque est vraie. L'activité de l'esprit, excitée par les images, tend à les grouper, à les combiner, à choisir parmi elles, à retrouver dans les ensembles qu'elle en compose l'expression de ses invisibles manières d'être et de ses lois.

De là, ce double aspect de l'imagination. Si les sens dominent, les images se succèdent au gré de l'automatisme cérébral ou des influences occultes qui gouvernent l'automatisme lui-même, à son insu. L'individu qui en est là est sur le chemin dont les dernières étapes sont l'hallucination et la folie.

Si c'est l'esprit qui règne sur les images, sans vouloir ni en éteindre l'éclat ni en diminuer l'intensité, l'individu est sur la voie qui conduit à la création des œuvres d'art. Il ne dédaigne pas, sans aucun doute, ce bien-être physique que lui procure la sensation de l'harmonie dans les couleurs ou dans les sons. Il recueille ce plaisir et il en jouit : c'est la manifestation d'une activité qui le touche de bien près : son activité personnelle s'y intéresse donc et s'y engage, pour ainsi dire, mais elle la développe et la transfigure, simplement parce qu'elle se l'associe et la fait de plus en plus sienne, en se la surbordonnant et en la faisant servir à ses fins.

Le commun des hommes est à peu près à mi-chemin de ces deux extrémités.

Ils savent trouver un sens et une beauté aux scènes les plus apparentes de la nature ; ils s'intéressent aux œuvres d'art, pourvu qu'elles ne leur demandent point d'efforts d'attention trop laborieux, qu'elles ne leur fassent point payer par trop d'étude le plaisir des yeux et des oreilles. Ils aiment le bruit, l'éclat, le mouvement ; ils prennent volontiers pour un travail d'imagination, dont ils s'attribuent tout le mérite et tout l'honneur, une fantaisie passagère dont les éléments leur viennent presque tous de réminiscences obscures et d'associations involontaires. Autour d'un regard ou d'un sourire ou d'une parole, ils construisent tout un rêve de bonheur auquel ils croient, uniquement parce qu'il leur semble qu'ils le voient et qu'ils le touchent, tant leurs passions, préparées de longue date, se prêtent à enfanter des images qui les flattent! tant les représentations qu'ils arrangent ainsi leur paraissent vivantes et leur donnent l'illusion de la vérité! A qui ressemblent-ils alors? A l'extatique et au rêveur chez qui une seule idée suggérée évoque et groupe aussitôt toute une série d'images? ou à l'artiste qui, l'âme séduite par tel ou tel trait particulier d'une scène, d'une physionomie, d'un paysage, se représente et construit un tableau dans lequel tout s'accorde avec le caractère dominateur? Ils ressemblent un peu à l'un, un peu à l'autre, et tiennent le milieu entre les deux. Ils ajoutent seulement une certaine préoccupation de leur plaisir personnel, que le second dépasse, mais que le premier n'atteint même pas. Ils se passionnent pour la nouveauté, avant même d'avoir pu l'expérimenter et la connaître. Libres encore de l'imaginer telle qu'ils la désirent, ils la parent de tous les attraits, compatibles ou non, qu'ils sont avides de posséder. Puis, ils s'en fatiguent et s'en dégoûtent promptement, parce que la réalité ne ressemble jamais assez à l'image qu'ils s'en formaient: et souvent l'excès de leur désenchantement égale celui de leur enthousiasme passé. Ainsi sommes-nous presque tous compromettant nos jouissances par nos regrets ou nos désirs, faisant diversion à un ennui par un souci nouveau. Heureux encore si, tirant parti de cette faiblesse, nous savons du moins aller de progrès en progrès, toujours attirés par des images, non-seulement plus riantes et plus flatteuses, mais mieux ordonnées et plus conformes aux exigences de l'esprit.

L'esprit, à vrai dire, n'est jamais complétement étranger à ces phénomènes. S'il les sent, c'est qu'il y participe. S'il peut parvenir à grouper toutes ces représentations et à y trouver une expression de lui-même, c'est que, primitivement, chacune d'elles avait déjà mis en jeu son activité. Cette activité, sans doute, avait pu languir et s'oublier quand elle ne faisait que répondre à des sollicitations multiples et changeantes. Mais, finalement, il n'est aucun de ces phénomènes qui ne puisse, à un moment donné, faire sentir son influence sur la conscience, puis entrer dans des combinaisons que le principe de cette conscience ordonne et empreint de son unité. L'activité qui se sent plus ou moins confusément dans les fonctions des sens et celle qui, après avoir pris, en réfléchissant sur elle-même, une conscience nette de sa nature, se retrouve, se représente, s'imagine partout, n'émanent donc pas de deux principes séparés ou juxtaposés l'un à l'autre. Il n'y a là qu'un seul et même principe, qui est l'âme : quand il arrive à se connaître, à s'aimer et à se vouloir, c'est-à-dire à vouloir son propre développement, nous l'appelons plus particulièrement esprit.

Si ce principe laisse trop souvent tomber son activité dans des régions obscures où elle se fragmente et tend à s'annihiler, souvent aussi elle cherche à s'élever au-dessus d'elle-même, à régler ses aspirations et son travail sur un *idéal* qui ne peut être réalisé que dans une tout autre nature. Quand l'âme s'élève jusque-là, elle est assurément au-dessus de cette région mixte et moyenne de l'imagination où tous les modes d'action de l'être humain ont leur rôle et leur emploi. Cependant, il est incontestable que l'esprit, dans cette conception d'un idéal, ne fait que dégager, développer et agrandir, jusqu'à l'infini, ce qu'il a trouvé de meilleur en lui-même. Le centre de tous les phénomènes humains est ainsi dans l'esprit et dans la conscience. Se chercher, se connaître et se développer le plus possible, voilà donc la faculté par excellence, ou plutôt unique, de notre nature. L'imagination n'est pas une faculté spéciale, une puissance vraiment à part et singulière : nous groupons sous ce mot les formes changeantes, les phases nombreuses et graduées de cette lutte de tous les instants dans laquelle l'esprit, sollicité par les impressions de la nature, tantôt s'abandonne à elles, tantôt les ressaisit, les organise et s'efforce de faire rayonner, dans les ensembles harmonieux qu'il forme avec elles, sa divine et immortelle beauté.

FIN

TABLE DES MATIÈRES

Préface . . . . ι

I. Introduction. — Qu'est-ce que l'imagination? — Qu'est-ce que connaître? — Se souvenir? — Imaginer?. 1

II. Les images. — Des différentes formes de l'image. — De la production des images. 13

III. L'image suspendant les fonctions de la vie intellectuelle ordinaire. — Le somnambulisme, l'extase et les états analogues 33

IV. Les images renversant l'ordre des facultés intellectuelles, sans les suspendre. — L'hallucination. — L'idée fixe, etc. 87

V. Le rêve, diminutif des états précédents 111

VI. États intermédiaires entre la maladie et la santé. — L'imitation irréfléchie. — Les faibles d'esprit. — Les gens crédules. — Les passionnés. — Les rêveurs. — L'idée fixe sans folie 127

VII. Lois principales de l'action des sens sur les images, et de l'action des images sur les sens. 145

VIII. De l'action de l'esprit sur les images. — Il fait effort pour les réunir. — Il y met une expression 179

IX. Nature et lois de l'expression. — L'homme 187

X. Nature et lois de l'expression (*suite*). — La nature. — L'art. — Les conditions de l'œuvre d'art et les images. 205

XI. L'imagination poétique dans la science et dans la conduite de la vie 249

Conclusion 259

19124. — Typographie Lahure, rue de Fleurus, 9, à Paris.

www.ingramcontent.com/pod-product-compliance
Lightning Source LLC
Chambersburg PA
CBHW050327170426
43200CB00009BA/1488